PETIT GUIDE
DE CONTRE-MANIPULATION

Christophe Caupenne

Petit guide de contre-manipulation

MAZARINE

Conception graphique de la Couveture : N.W.
Photographie : © Tomwang112/iStock/Getty Images Plus

ISBN : 978-2-213-699322-5

Dépôt légal : février 2017

« Fool me once, shame on you,
Fool me twice, shame on me[1]*... »*

1. « Tu me trompes une fois, honte à toi ; tu me trompes une deuxième fois, honte à moi… » *The Court and Character of King James*, Anthony Weldon, 1650.

Préface

Quels que soient notre âge, notre culture et notre histoire personnelle, nous redoutons tous la manipulation. Cela tient au fait que nous savons parfaitement que nous présentons des vulnérabilités comportementales, des faiblesses liées à notre éducation, nos croyances et nos aspirations, et qu'il est extrêmement difficile de nous en affranchir. La manipulation désigne l'emprise exercée par une personne sur une ou plusieurs autres, dans le but de contrôler leurs actes, leurs pensées ou leurs sentiments. Cet ouvrage met en évidence l'ensemble des phénomènes et techniques manipulatoires, afin de les repérer et de s'en prémunir. Il propose de les étudier pas à pas, afin d'en découvrir les rouages secrets et de livrer des règles de contre-manipulation utiles dans notre vie professionnelle et intime.

En tant que policier, j'ai eu une carrière plutôt originale. Pendant plus de douze ans, j'ai été inspecteur de police en groupe de répression du banditisme et groupe des affaires criminelles de la police judiciaire, puis durant les onze années suivantes commandant au RAID – l'unité d'élite de la police nationale française –, négociateur en chef et coordinateur national des négociateurs de la police nationale.

Au sein de la police judiciaire comme au RAID, je suis devenu un véritable « spécialiste de la nature humaine » (délinquante ou criminelle) et j'ai bénéficié d'une situation d'observateur privilégié de personnages aux pratiques manipulatoires, du gourou illuminé au julot casse-croûte[1], du sociopathe machiavélique au pervers harceleur, jusqu'à l'escroc en col blanc et sa batterie de subtiles entourloupes bon teint. Tous avaient en commun d'être, chacun dans son style, de redoutables manipulateurs, qu'ils aient un versant pathologique, opportuniste, cupide ou fantasque.

La Bruyère disait du métier de policier qu'il « requiert un sens très aigu de l'observation sociale et une connaissance approfondie de l'humaine condition. Il est éminemment destructeur de l'illusion, mais puissamment formateur du jugement ». J'ai donc appris, durant toutes ces années, à aiguiser mon jugement, à décrypter entre autres le mensonge assumé, la tromperie diabolique ou la manipulation sournoise, et à former mon jugement sur ce qu'il faut comprendre des engrenages qui entraînent certains hommes à

1. Petit proxénète sans envergure, faisant se prostituer sa compagne, ou l'une de ses proches.

mystifier leur entourage, la société ou leurs proches, à des fins intéressées, partisanes et perverses.

En 2011, en mettant mes connaissances au service des entreprises et de leurs dirigeants, j'ai découvert un autre terrain d'influence et de pression, bien différent de celui que j'avais connu auparavant. Rien ne s'y réglait à coups de meurtre ou d'escroquerie, mais les conséquences psychologiques et sociales sur les victimes étaient tout aussi redoutables.

Aujourd'hui, fort de mes trente années d'expérience sur la nature humaine, je vous livre un guide utile et simple sur la contre-manipulation, afin que vous puissiez évaluer vous-même les « pièges » que les manipulateurs vous tendent au quotidien. Vous serez ainsi en mesure d'apporter des réponses efficaces aux tentatives d'influence, ou de mieux les appréhender, grâce à des clés de lecture opérationnelles et pragmatiques.

Pour compléter mon étude, je me suis entouré de plusieurs spécialistes de l'influence : Guillaume Fond, praticien hospitalier, coordinateur du réseau des Centres experts schizophrénie au groupe hospitalier universitaire Henri-Mondor, chercheur à l'Inserm, enseignant à l'université Paris-Est et membre de la Fondation FondaMental, Nathalie Chatillon, psychologue, psychothérapeute, praticienne en hypnose médicale, et Dan Leclaire, célèbre illusionniste et magicien hypnotiseur. Tous ont donné un éclairage passionnant sur la question de l'influence, permettant de mieux comprendre comment fonctionnent ces mécanismes et comment s'en prémunir.

1

Quelques exemples de manipulations

L'histoire de la manipulation remonte à la nuit des temps. Développée avec l'apparition des premières communautés humaines, c'est l'une des conséquences de notre sociabilité : influencer l'autre, l'amener à penser comme nous ou à faire ce que l'on veut de lui. Plus l'homme avance dans la technicité, dans la complexité des systèmes, dans la mondialisation des échanges, plus le secteur des fraudes, des escroqueries, des duperies, trouve des chemins de croissance favorables. Les deux marchent en parallèle, sur des courbes asservies.

Le XXe siècle regorge de belles affaires de manipulation. De Charles Ponzi à Bernard Madoff, en passant par Victor Lustig (l'homme qui vendit la tour Eiffel), le détournement de la confiance et de l'escroquerie fut érigé comme un véritable art dans le giron du néolibéralisme. Tous ces génies de la fraude se sont aidés de différents leviers manipulatoires dans leur démarche.

En 1919, à Boston, l'histoire de Charles Ponzi, petit escroc italien, est assez révélatrice de ce que les prédateurs financiers sont capables d'inventer, en s'aidant de leur génie et de leur connaissance des travers humains que sont, par exemple, la cupidité et l'aveuglement mercantile.

Ponzi mit au point la première pyramide financière capable d'offrir, prétendument, des taux d'intérêt de 50 %. Ce sont plus de trente mille épargnants qui se ruèrent sur ses placements, sous l'effet d'une frénésie gourmande ! Ce qui lui valut de faire fortune (10 millions de dollars) en seulement quelques semaines.

La « pyramide de Ponzi » reposait sur un système simple : les intérêts versés aux primo-épargnants étaient prélevés sur les sommes placées par les souscripteurs suivants. Pour que les recettes continuent à couvrir les engagements, il fallait une croissance exponentielle des souscriptions. Mais dès que celle-ci se ralentit, la cessation de paiement fit découvrir le système de « cavalerie[1] » mis en place.

---

1. Le système de cavalerie est une illustration du mécanisme d'escroquerie basé sur la collecte de nouveaux fonds pour rembourser les anciens. Une fausse entreprise ouvre des comptes dans deux banques. Un premier emprunt est fait dans la première banque, l'argent sert à justifier auprès de la seconde banque la possibilité de faire un nouvel emprunt (plus gros), qui sert à payer le premier, etc. Le système s'écroule lorsque l'escroc n'obtient pas le énième prêt.

Ajoutons que son allure de dandy endimanché, sa bonhomie savamment calculée, sa pseudo-bienveillance désintéressée et sa gouaille méditerranéenne contribuèrent à faciliter le processus d'escroquerie de Ponzi.

Bernard Madoff, courtier génial et légende de Wall Street, figure de la communauté juive new-yorkaise, donateur zélé des cercles caritatifs et culturels, qui fut un temps président du Nasdaq, était un entrepreneur dans l'âme. Maître nageur à Long Island, âgé de vingt-deux ans, il investissait déjà ses 5 000 premiers dollars dans la création d'un fonds d'investissement. Intuitif, doué pour créer la confiance, une tête d'honnête homme et une pointe de mégalomanie refoulée, il possédait les atouts parfaits pour créer une variante de la pyramide de Ponzi.

Il reçut en tout plus de 50 milliards de dollars, investis dans des *hedge funds* (fonds d'investissement à risque), dont la performance était réputée supérieure à la moyenne. Lorsque celle-ci baissait, il ne diminuait pas le rendement distribué aux investisseurs, utilisant tout simplement l'argent des nouveaux investisseurs pour payer les anciens (c'est le système des vases communicants), donnant ainsi constamment l'impression d'une performance exceptionnelle, sur la base de laquelle il attirait de plus en plus d'investisseurs. Pourtant, année après année, il dilapidait le capital de tous ceux qui lui avaient fait confiance.

La manipulation de Madoff semblait tenir davantage d'un mécanisme de quête de reconnaissance sociale et de jouissance hégémonique que d'une volonté d'enrichissement personnel effréné. L'*ego* est un levier puissant qui tenaille les manipulateurs, leur donnant parfois toutes les audaces, jusqu'à l'imprudence la plus folle.

De nombreux escrocs manipulateurs capitalisent ainsi sur leurs géniales intuitions, en utilisant les travers de leurs victimes : cupidité ou patriotisme, attrait pour le sexe facile ou penchant pour les addictions, business de la charité… La liste est longue et ne saurait être exhaustive. Mais la grande inconnue de tous ces manipulateurs est cette incroyable capacité à oser défier la raison de leurs victimes.

Victor Lustig, par exemple, est connu comme « l'homme qui vendit la tour Eiffel », profitant des difficultés de l'État français pour l'entretien de ce colossal monument érigé « provisoirement » pour l'Exposition universelle de Paris en 1889 et qui ne fut jamais démantelé, jusqu'à devenir le (coûteux) joyau symbolique de la capitale.

En 1925, Lustig, aventurier tchèque ruiné, eut l'idée de génie de convoquer, sur faux papiers à en-tête de la mairie de Paris, les cinq plus gros ferrailleurs français, leur faisant croire à un concours pour la vente de la tour Eiffel. Il les reçut à l'hôtel de Crillon et leur confia qu'il était l'émissaire secret d'un projet confidentiel de l'État visant à vendre les sept mille tonnes de fer du monument… L'un des magnats de la ferraille mordit à l'hameçon, versant une coquette « commission occulte » afin d'obtenir le fameux marché et… une belle Légion d'honneur « qui lui serait remise par le Premier ministre en personne », assura Lustig. La supercherie fut mise au jour lorsque le « pigeon », André Poisson (un nom prédestiné ?), se présenta à la préfecture avec son échéancier de travaux.

Lustig connaissait parfaitement les leviers d'influence : le Crillon était le décor parfait pour une telle escroquerie. Réputé pour être le point de rencontre prisé des diplomates et des hommes politiques affairistes, c'était un lieu idéal pour une transaction discrète. D'autant que le décorum participe à abaisser les résistances et les méfiances naturelles de l'homme.

Autre levier, le pseudo-partage d'un secret. Il lie toujours ses bénéficiaires, qui se sentent ainsi des « confidents privilégiés », des « élus de confiance ». Ils doivent donc se montrer à la hauteur de la confiance qu'on leur accorde en les mettant dans la confidence. C'est un mécanisme de réciprocité.

Plus que sur l'appât du gain, cette manipulation reposait sur le levier de l'*ego* de Poisson, endormi par ce génial et audacieux flatteur qu'était Lustig, qui avait su lui chanter la douce berceuse que l'intéressé voulait entendre.

Jean de La Fontaine ne s'était pas trompé sur nos travers et il l'exprimait déjà dans sa fable de 1668 *Le Corbeau et le Renard* et son fameux « Apprenez que tout flatteur vit aux dépens de celui qui l'écoute ».

Les meilleures escroqueries ne sont pas toujours les plus crédibles. Une certaine Leonora Da Silva, en 1960, qui exerçait la profession de voyante à Rio de Janeiro, constatant que sa clientèle, riche et très croyante, redoublait ses efforts pour obtenir les bonnes grâces du ciel, fit croire que Dieu lui parlait. Sa célébrité monta en flèche en même temps que son influence sur ses clients huppés ; alors lui vint l'idée de faire croire que Dieu l'avait missionnée « pour vendre des appartements au paradis »...

La supercherie fut si bien menée qu'une foule d'acquéreurs se pressa pour obtenir (physiquement) les clés de leurs biens célestes, contre une indulgence financière substantielle, calculée « en fonction des choses à se faire pardonner ». Finalement dénoncée par sa femme de ménage, Leonora fut jugée mais acquittée, arguant sans scrupule devant le président du tribunal que l'Église catholique n'avait pas fait moins qu'elle dans sa collecte de subsides durant des siècles !

C'est la concurrence zélée des riches croyants qui fut le levier naturel de cette superbe escroquerie d'immobilier céleste.

Plus c'est gros, mieux ça passe, pensez-vous ? En fait, plus c'est gros, plus ceux qui y croient déploient d'énergie et de conviction pour faire adhérer les réticents. C'est le principe du « relais des promoteurs », bien connu des entreprises qui souhaitent adopter la conduite du changement : il suffit de convaincre quelques personnes clés qui deviendront ensuite les meilleurs défenseurs du projet. L'exemplarité est le second levier manipulatoire, qui veut que lorsque des gens réputés « sensés » ont accepté de bénéficier d'une bonne affaire, cela éteint mécaniquement les doutes de tous ceux qui suivent. La résistance à la manipulation est bien souvent une affaire de contexte et d'écosystème.

La manipulation, du latin *manipulus* (*manus*, la main), désigne l'emprise exercée par une personne sur une ou plusieurs autres, dans le but de contrôler leurs actions ou leurs sentiments. Considérée comme une manœuvre fallacieuse, trompeuse, voire perverse, avec une forte connotation péjorative, la manipulation semble disposer d'un pouvoir indéfini à qui l'on prêterait tous les fantasmes, toutes les roueries. Elle incarne notre peur d'une prise de pouvoir et de contrôle sur des personnes et sur leur âme ; elle est donc perçue comme potentiellement liberticide et dangereuse[1].

1. La manipulation peut être suggestive, insinuante et indirecte, comme dans *Rebecca* (1940), le film d'Alfred Hitchcock, où une gouvernante pousse l'héroïne au suicide en créant un environnement anxiogène autour d'elle. Tout se passe uniquement dans la tête de

Bien que décriée par la morale, cette pratique est pourtant à la base de toutes les relations humaines, qu'elles soient hostiles ou bienveillantes. Le dictionnaire Larousse donne un certain nombre de définitions très neutres, dont une grande partie en rapport avec l'action de toucher, de prendre et/ou d'utiliser des objets.

– Action de manipuler quelque chose, un objet, un appareil.

– Spécialité du prestidigitateur qui, grâce à sa seule dextérité, fait apparaître et disparaître de petits objets (pièces de monnaie, cartes à jouer, muscades, etc.).

– Action de soumettre quelque chose à des opérations diverses, en particulier dans un but de recherche ou d'apprentissage : faire des manipulations de phrases.

– Action de procéder à des opérations frauduleuses sur des chiffres, des données pour obtenir un résultat plus favorable. Ex. : manipulation électorale.

– Action d'orienter la conduite de quelqu'un ou d'un groupe de personnes, dans le sens qu'on désire

---

la victime. Dans *La Peur* (1920), Stefan Zweig dépeint la montée de la peur d'une femme adultère que son mari cherche à effrayer par une succession de menaces implicites. Là, le personnage manipulé devient son propre manipulateur en se faisant l'involontaire complice de son tortionnaire psychologique. La littérature et le cinéma donnent une image saisissante des multiples manières de tenir autrui sous influence.

et sans qu'elles s'en rendent compte. Exemple : la manipulation de l'opinion publique.

– Exercice au cours duquel des élèves, des étudiants ou des chercheurs réalisent une expérience. C'est donc l'expérience elle-même.

– Technique thérapeutique médicale, chirurgicale, ou de certaines médecines parallèles, consistant à mobiliser avec les mains une partie du corps, en général une articulation. C'est le cas des ostéopathes.

2

Les domaines d'application de la manipulation

Que ce soit pour stimuler des influences sociales, politiques ou idéologiques, ou dans l'espoir de créer des combattants dénués d'émotions, les manipulateurs ont toujours tenté d'exercer leur art sur les populations.

Propagande et politique

L'arme de la propagande a montré toute son efficacité dans chaque conflit armé qu'a connu l'humanité, la ruse ayant été longtemps un puissant levier permettant d'obtenir la victoire. Cette technique, qui s'est développée durant les deux conflits mondiaux du XXe siècle, a atteint son apogée avec les gigantesques entreprises de manipulation de l'organisation nationale-socialiste de Joseph Goebbels[1] et ses parades militaires. Mais nulle armée ne fit l'économie de ces principes. Les préparatifs alliés du D Day en furent une belle illustration : fausses poupées parachutistes, fausses armées de chars gonflables, fausses émissions de radio, cantonnements fantômes, cadavres bardés d'informations erronées judicieusement abandonnés en zone ennemie… tout fut bon pour créer le doute chez l'ennemi et lui faire prendre de mauvaises décisions stratégiques.

Aujourd'hui, la propagande est devenue une composante récurrente des forces armées, notamment avec la création de services de renseignement militaires chargés d'intoxication, de contre-information, d'intelligence intrusive, de contre-guérilla ou de hacking stratégique. Il s'agit d'une science avec ses règles, ses méthodes et ses outils, avec un objectif précis, manipuler les esprits et contrôler les cerveaux grâce à des slogans, des phrases courtes inlassablement répétées, des effets mécaniques ou stéréotypés.

Nous voyons graviter, autour de toutes les sphères politiques ou décisionnaires, des « *spin doctors* »,

1. La Reichspropagandaleitung der NSDAP (ministère de l'Éducation du peuple et de la Propagande du Reich) attachait, dès 1933, une importance capitale aux arts, au sport et au cinéma. La propagande devint ainsi un élément fondamental de la *Gleichschaltung* ou « mise au pas » de la société, qui devait aboutir à la domination des masses populaires et des milieux intellectuels allemands.

sorciers du verbe et de la pensée, « influenceurs des puissants », des coachs en communication, des leaders d'opinion, qui créent des courants de pensée, des vérités et des contrevérités, ou cherchent à influencer les comportements, les codes et les décisions des citoyens.

Les politiciens doivent anticiper les réactions du public, les rumeurs symptomatiques, les contestations, les polémiques en gestation. Ils doivent jouer de réseaux pour infléchir ou orienter sans froisser frontalement leurs adversaires. De fait, ils sont devenus des spécialistes de la manipulation, du mensonge et de la promesse.

Aujourd'hui, la crise de confiance entre la classe politique et les citoyens a atteint un niveau critique. L'histoire a montré que les dirigeants ont trop souvent cherché à influencer le peuple pour le soumettre ou le dominer, quels que soient les régimes, les siècles ou les pays. Ce qui fait la grande différence avec l'époque actuelle, c'est le vecteur Internet et la mondialisation de l'information instantanée. Tous ces lanceurs d'alertes, tout ce système de dénonciateurs publics, de réseaux privés d'informations, d'*Anonymous* justiciers, met l'accent sur les nouvelles turpitudes des politiciens et sur les travers de notre monde.

Les populations sont arrivées à un tel point de défiance qu'aucune parole de politicien n'est plus audible. Communiquer devient paradoxalement inopérant, dès lors que la communication de crise apparaît comme une science et que tous les discours *s'embolisent* sur les mêmes points, artificiels et stéréotypés : se montrer empathique, témoigner une compassion convenue, rendre hommage aux victimes, faire faussement amende honorable, promettre de ne plus jamais faire les mêmes erreurs, blablabla… Les communications gouvernementales ou celles des dirigeants d'entreprises sont parfaitement huilées par des communicants passés maîtres en enfumage. Seules les « bonnes gens » se laissent encore abuser par ce chant des sirènes rassurant.

C'est une belle leçon pour le sujet de la manipulation, car cela montre que l'on peut avoir les meilleurs ingrédients pour réussir une bonne communication, mais que si l'on omet de parler avec ses tripes, dans une émotion sincère et adaptée, l'effet vertueux retombe comme un soufflé. Une nouvelle communication, loyale, assumée, courageuse et sincère, devient urgente.

L'homme politique, par nature, se défie du passé : « autre temps, autres mœurs ». Non pas qu'il ait la naïveté de croire qu'il n'a pas de leçon à recevoir de ses prédécesseurs, car il sait tout l'éclairage qu'apporte la révision des classiques, mais il pense que la complexité actuelle, l'enchevêtrement des intérêts, la perméabilité des enjeux, sont propres au présent et ne sont pas assimilables à ceux du passé.

Pourtant, nos aïeux avaient bien plus de temps que nous pour observer la nature, mais surtout pour comprendre les comportements, lire les travers de la pensée des hommes ou décrypter la complexité de leurs émotions. Aujourd'hui, nous ne lisons nos classiques qu'à l'approche de la quarantaine, lorsque les doutes se révèlent plus nombreux que les certitudes. Les conseils de nos précurseurs romains dans le domaine électoral, et notamment ceux que l'on trouve dans le *Petit manuel de campagne électorale* de Quintus Tullius Cicéro[1], mettent en évidence les principaux moteurs d'influence du monde politique. D'une actualité déconcertante, cet ouvrage sert toujours aujourd'hui de livre de chevet à de nombreux politiques, en les éclairant sur les subtilités de la raison d'État. Et que de leçons !

« Pour marquer l'opinion publique, il faut frapper les esprits, subjuguer par la parole pour séduire les masses, que chacun se sente respecté dans ses intérêts, entendu sur ses problèmes » : le principe influent repose sur l'*ego*.

« Ancrer son discours dans la territorialité des régions à remporter » : travailler sur le terrain, ici et maintenant.

« Multiplier le nombre de gens qui vous sont redevables, donc être prêt à dépenser sans compter, cou-

1. Frère cadet du grand Cicéron (Marcus Tullius, auteur de *L'Art oratoire*), 64 avant J.-C., avocat romain.

vrir de cadeaux et d'attentions » : utiliser le levier des intérêts, de l'égoïsme et de la cupidité.

« S'appuyer sur l'enthousiasme idéologique de la jeunesse et faire une démonstration de notre popularité en favorisant les rassemblements de zélateurs, d'enthousiastes » : utiliser le chant des hérauts.

« Conserver une réputation intacte tout en se présentant comme un homme nouveau » : la sempiternelle promesse du changement.

« Avoir recours à des menaces cachées, des intimidations et faire en sorte que les adversaires se sentent épiés, ciblés » : contrainte et menaces.

« Jeter l'opprobre sur vos adversaires, salir leur réputation, exhumer de vieilles affaires » : rumeurs, calomnie et coups fourrés.

« Ne pas prendre part aux affaires de l'État durant la campagne électorale, afin de ne pas prendre de coups, ni tomber dans des chausse-trappes conjoncturelles » : toujours rester au-dessus de la mêlée.

Machiavel, un autre maître en la matière, publia *Le Prince* en 1532. Pour lui, aucune illusion de vertu universelle n'est à attendre des hommes de pouvoir, car ils ont fait « métier » de régner. Il prend ainsi le contre-pied d'Aristote, de Socrate ou de Platon et légitime la manipulation politique en posant le postulat suivant : « Puisque l'homme est vil, manipulateur, menteur, sujet à des tentations, de l'envie, de la paresse, de l'orgueil, il convient donc d'apprendre à utiliser correctement contre lui les leviers manipulatoires, à des fins politiques. » La fin, donc, justifie les moyens… et la fin, c'est permettre au prince de rendre son peuple vertueux. Le lien entre morale et politique est donc rompu par un impératif de nécessité. Seul compte le résultat, peu importe la méthode. Machiavel légitime ainsi le principe de raison d'État qui autorise les dirigeants à s'affranchir (ou s'abstraire) des lois qu'ils imposent.

« Le peuple est méchant et ignorant. Le prince doit donc savoir mentir, ou ne pas respecter ses engagements si c'est nécessaire. La déloyauté est la rançon de la bassesse du peuple. Il doit pouvoir faire le mal, si les circonstances l'y contraignent également. […] Le prince doit maîtriser parfaitement l'art de dissimuler, de simuler, de tromper. »

Où se situe donc la morale ? « Hors de l'équation », aurait pu assener Machiavel.

Contrôle chimique du corps et des pensées

L'histoire montre combien les hommes sont soumis soit par la politique (la ruse) soit par la force (la guerre). Et pour gagner, il faut être le plus fort.

La manipulation du combattant, visant à en faire un guerrier froid, un monstre dénué de toute compassion pour ses victimes, remonte donc elle aussi à la nuit des temps.

Au XIe siècle, en guerre contre les Turcs, les Nizârites (également nommés Ismaéliens ou Bâtiniens) formaient une communauté musulmane chiite qui prêchait une lecture ésotérique (secrète et magique) du Coran. Leur chef, le philosophe Hassan ibn al-Sabbah, surnommé le « Vieux de la Montagne », faisait boire à ses hommes « un breuvage qui les endormait aussitôt, puis il les envoyait occire des rivaux, dans un état second », rapporte en 1273 le Vénitien Marco Polo.

Ce contrôle mental était obtenu par un conditionnement idéologique, mais aussi et surtout par la prise d'une substance psychoactive, le hachich, d'où le nom associé à ces tueurs sanguinaires, fumeurs de hachich, les « hachichins » qui donna celui de « assassins ».

Les médecins furent eux aussi sollicités pour des expérimentations scientifiques sur des substances « de contrôle ». En 1883, le médecin militaire Theodor Aschenbrandt donna de la cocaïne à ses soldats avant les exercices, et se déclara « positivement impressionné par leur énergie au cours des manœuvres ». Il recommanda qu'on fît une place plus importante, dans la stratégie militaire, à la pharmacologie du combattant.

Mais la grande révolution chimico-manipulatoire arriva avec la métabolisation des amphétamines. Ces substances démultipliaient la puissance de combat d'un individu, modifiaient sa pensée et le transformaient en assassin cruel, tout en réduisant les effets de la fatigue et le besoin de sommeil.

Les premiers essais « scientifiques » semblent avoir eu lieu durant la Première Guerre mondiale, du fait de la crise de motivation des combattants, consécutive à l'aberration des décisions et des stratégies iniques des généraux de l'époque. L'utilisation des amphétamines visait alors à remplacer le discours autrefois galvanisant des chefs par un dopage psychique stimulant. Ce n'étaient cependant que les balbutiements de cette « arme de guerre », puisque nul n'était alors en mesure de s'affranchir des effets indésirables qu'engendraient ces prises de drogues, à commencer par l'agressivité résiduelle incontrôlable dont souffraient les anciens combattants après leur retour à la vie civile. Nombreux étaient ceux qui perpétraient des meurtres émotionnels ou basculaient dans une folie psychotique.

On retrouve officiellement trace de l'usage de drogue durant la bataille d'Angleterre, où les aviateurs de la Royal Air Force prenaient des méthamphétamines afin de combattre la fatigue des rotations incessantes de surveillance aérienne, face aux afflux massifs de bombardiers allemands.

Ces mêmes produits furent suspectés d'avoir accompagné très largement le patriotisme des kamikazes japonais dans leurs missions suicide. La propagande nippone parlait de prise symbolique et traditionnelle d'un verre de saké ; la médecine militaire de l'avant faisait alors usage de produits bien plus efficaces.

L'Allemagne nationale-socialiste, quant à elle, utilisa de la pervitine, une amphétamine dopante, surnommée *Panzerschokolade*, qui rendait froid et sans réaction, et qui perdura bien longtemps après la fin de la guerre, jusqu'à son classement comme drogue et son interdiction. Le camp de concentration de Sachsenhausen servit, en novembre 1944, à des expérimentations sur la résistance à la marche forcée de prisonniers euphorisés sous pervitine. Cela permettait de tester des semelles de chaussures ou d'étudier les effets de la marche forcée sur les zones musculaires et tendineuses. Certains soldats russes du front de l'Est, tout comme les soldats allemands embrigadés dans la défense suicidaire de Berlin, étaient eux aussi sous l'effet de ces méthamphétamines que l'on voulait « miraculeuses », tout en redoutant leurs effets secondaires désastreux. C'est d'ailleurs l'une des raisons qui poussèrent les Américains, bien que tentés par cette drogue « miracle », à en limiter l'usage dans leurs unités combattantes.

Enfin, ce sont les médecins nazis qui inventèrent la méthadone, un substitut à l'héroïne qui fut largement consommé par les soldats américains au Vietnam, par ceux de l'Armée rouge en Afghanistan, et par les enfants-soldats d'Afrique des guérillas actuelles.

En 1952, Allen Dulles, patron de la CIA, développa le programme ultra-secret MK-NAOMI, visant à tester 800 drogues différentes sur des prisonniers noirs afin d'évaluer les conséquences sur leur potentiel agressif (*sic*). Puis ce fut le projet MK-Ultra, qui développa les recherches anthropologiques en graphologie, psychiatrie, irradiations, électrochocs, etc. avec pour résultat de décrédibiliser des gens chez qui l'on provoquait des comportements aberrants, ou de mettre sous dépendance affective un sujet vis-à-vis de son officier traitant[1], ou entraîner de courtes amnésies et des comportements paranoïaques.

Ce fut la grande époque de tous les fantasmes sur la guerre psychologique. Les Russes n'étaient pas en reste, avec un ensemble de laboratoires et d'universités dévolus entièrement à ces pratiques.

C'est finalement la Dexedrine qui fut retenue par les armées pour ses effets psychotropes, notamment dans la lutte contre la fatigue. Cependant, les médecins se rendirent compte que cette substance psychoactive générait des problèmes d'addiction, des bouffées d'agressivité, mais aussi, et c'est plus inquiétant, des psychoses. Un cas défraya d'ailleurs la chronique médico-militaire, le 17 avril 2002, à l'occasion d'un *Friendly Fire*[2] à Kandahar, dans le sud de l'Afghanistan. Un avion de chasse US largua une bombe de 225 kg sur « un groupe de Talibans » (dira le pilote lors de la commission d'enquête). Il s'agissait en réalité de soldats canadiens d'un batail-

1. Officier de renseignement chargé d'un « honorable correspondant » (indic.).

2. Le « tir ami » est un terme militaire désignant l'ouverture du feu sur une unité alliée, prise pour un ennemi, pendant un combat.

lon d'infanterie légère qui procédait à un exercice de tir. L'enquête que mena la cour martiale montra l'existence d'un « Go-Pill Program », c'est-à-dire la prise de Dexedrine par les deux pilotes avant le vol, mais elle s'orienta, en outre, sur la prise systématisée de cette substance par tous les pilotes volontaires, sur prescription médicale, « pour devenir féroces et sans merci et pour supprimer la fatigue[1] ».

Les attentats du 13 novembre 2015 à Paris ont laissé planer l'idée que les djihadistes kamikazes de Daech utiliseraient un euphorisant chimique associé à de la caféine qui stimulerait la dopamine, leur donnerait un sentiment de toute-puissance absolue, provoquerait une excitation majeure, une hypervigilance et une hyperconcentration, et qui freinerait l'impression de somnolence.

Cette drogue miracle, le Captagon, apparue dans les années 1960 pour traiter la dépression, la narcolepsie et l'hyperactivité, puis utilisée comme « drogue récréative » au Liban dans les années 1980, fut classée comme substance illicite par l'OMS et interdite en 1986 pour ses conséquences néfastes (troubles cardiaques, hallucinations, paranoïa, etc.).

En plaçant le combattant dans une forme d'euphorie, le Captagon lui permet de se surpasser et de lever toute inhibition vis-à-vis des meurtres à

1. *Histoire des amphétamines*, Pascal Nouvel, Presses universitaires de France, Paris, 2009.

perpétrer ou des monstruosités à accomplir (décapitation, torture, etc.). Certains djihadistes de l'État islamique consommeraient massivement ces pilules, au prix de vente très largement accessible, en zone de guerre. L'approvisionnement se ferait par des circuits illicites issus de laboratoires clandestins installés pour la plupart en Syrie. Selon le psychiatre libanais Ramzi Haddad, qui fut interviewé par Reuters en 2014, les combattants de Daech, mais aussi ceux du front al-Nosra et les soldats de l'armée de Bachar el-Assad, s'en serviraient pour diminuer leur angoisse et se procurer un sentiment de toute-puissance, avec suppression de l'état de fatigue, lors des opérations nocturnes notamment.

Après les attentats du 13 novembre 2015 à Paris, et notamment celui du Bataclan, certains survivants évoquèrent des comportements « apparemment mécaniques, dénués de toute émotion » de la part des terroristes. Un témoin les ayant croisés quelques instants avant la tuerie parlait même de faciès de « morts-vivants » déshumanisés. Les investigations médico-légales ne permirent pas de confirmer cette hypothétique prise de stupéfiants, mais le doute plane autour de ce dopage.

En revanche, lors du massacre qui s'est déroulé dans la station balnéaire de Sousse, dans l'Est tunisien, le 26 juin 2015, des témoins furent surpris de voir le terroriste rigoler et prendre des photos des visages éclatés par les balles de sa kalachnikov, comme si sa sauvagerie était une source d'amusement. Selon le *Daily Mail*, l'autopsie de son corps permit d'y déceler des traces de « stimulants ». Certaines amphétamines accroissent l'agressivité et d'autres inhibent totalement les émotions : le cocktail parfait pour compléter la panoplie destructrice des terroristes et faire d'eux des monstres sanguinaires sans pitié.

3

Les travers humains comme leviers manipulatoires

À défaut de créer des drogues miracles permettant de manipuler efficacement et durablement des populations entières, les apprentis sorciers ont mené des enquêtes dans le cadre des sciences humaines universitaires, notamment en psychologie sociale et en sociologie.

L'analyse comportementale, véritable science des agissements et motivations d'une personne, donne d'excellents résultats sur les stimulations possibles d'un individu dans un contexte donné. Elle permet de comprendre les récurrences possibles de comportements, en fonction de situations prévisibles (les achats, le jeu, la dynamique de groupe, l'indignation d'une foule...).

Les services de renseignement britanniques, durant la Seconde Guerre mondiale, ont posé le principe de quatre grands leviers manipulatoires humains, qui allaient servir de pivots aux officiers traitants (OT) pour amener une personne à collaborer (recrutement), « retourner une source[1] », ou contraindre un opposant à se taire en le faisant tomber dans des pièges ou en utilisant ses travers naturels.

MICE et VICE

MICE, qui signifie « souris » en anglais, est l'acronyme qui fut donné à l'ensemble des quatre leviers manipulatoires : *« Money, Interest, Compromise, Ego »*, que l'on trouve également sous la forme *« Money, Ideology, Constrain, Ego »*.

– *Money*. L'argent est un moteur important. Il est plutôt facile de trouver des personnes corruptibles, ce n'est souvent qu'une question de prix. La corruption peut se faire par une proposition financière (pour un enrichissement personnel direct ou indirect), ou par le biais d'avantages, de complaisances ou de faveurs (sexuelles, passe-droits, etc.). Elle est fonction d'une appréciation personnelle, chacun ayant sa grille de lecture éthique. Certains estiment même qu'il est logique et naturel de bénéficier de privilèges ou de grâces, compte tenu de leur rang ou de leur pouvoir. Cette corruption peut être active (proposer de l'argent

1. Faire travailler, pour le compte d'un service de renseignement, une personne déjà en mission pour une puissance adverse.

ou un service à une personne qui détient un pouvoir en échange d'un avantage indu) ou passive (accepter cet argent, commettre un abus de pouvoir). Le corrupteur emprisonne le corrompu dans un piège ensuite impossible à neutraliser, car nul ne peut revenir sur le passé. Les services secrets sont maîtres en la matière.

– *Interest*. Les intérêts sont un ensemble de prérogatives importantes aux yeux de celui qui en bénéficie, qui constituent des avantages de faible occurrence mais sont très gratifiantes : passe-droits, places de spectacle gratuites, nombre de fenêtres dans un bureau, place de parking attitrée dans l'entreprise, chèques-cadeaux de fin d'année…

– *Ideology*. Le ressort idéologique consiste à profiter des convictions politiques et/ou des croyances religieuses. L'idéologie est un facteur cohésif qui pousse les gens à se regrouper en communauté de pensée. C'est un lien d'appartenance suffisamment puissant pour créer des obligations dans la tête de bon nombre d'adeptes, au point qu'ils agissent parfois docilement, au service de leur groupe, alors même qu'ils sont en désaccord moral avec certains de ses principes moraux ou éthiques. Par idéologie, on peut mener des combats qui ne sont pas les nôtres.

– *Compromise/Constrain*. La compromission, ou la coercition, c'est le fait de contraindre une personne en exerçant sur elle un chantage. En trouvant des failles dans sa personnalité, en cherchant à découvrir des travers peu reluisants (drogue, addiction au jeu, sexe, mauvaise action, passé fanatique...) pour en faire des leviers d'influence. Et le maître chanteur ne gardera le silence qu'au prix de la collaboration de sa cible... La coercition peut aussi s'exercer par la violence ou par la peur. Terroriser quelqu'un permet de le contraindre (jusqu'à un certain point, car tout le monde dispose d'une ligne rouge au-delà de laquelle plus aucun chantage, aucune menace ne porte).

– *L'ego*, enfin, est le moteur de manipulation le plus extraordinaire qui soit. C'est lui qui exacerbe les frustrations, les vanités, les envies et les colères cachées.

Gérard Desmaretz, dans la dernière édition de son ouvrage *Le Renseignement humain*[1], a affiné ces leviers en intégrant de nouvelles catégories selon l'acronyme SANSOUCIS, dans le cadre de la manipulation des sources, indics et honorables correspondants des services secrets.

– *Solitude*. L'objectif est de jouer sur l'importance du lien social, le besoin d'être aimé par ses proches, d'obtenir la reconnaissance d'un groupe (même petit), d'appartenir à une communauté, à une équipe... La peur de la solitude fragilise les personnalités flottantes ou dépendantes. La psychologue canadienne

1. Édition initiale, Chiron, 2004, reprise par Christophe Cornevin dans *Indic, cette France de l'ombre qui informe l'État*, Flammarion, enquête 2010.

Mary D. Salter Ainsworth[1], qui a étudié l'attachement et la notion de « sécurité de base », démontre que, s'il est surtout déterminant dans l'enfance, l'attachement maternel se prolonge sous différentes formes durant toute la vie, jusqu'à prendre des formes pathologiques. Chez l'adulte, ce besoin se manifeste par la recherche d'un partenaire, d'un groupe de référence ou d'amis, qui forme une « base de sécurité ». C'est elle qui va permettre, en période de stress, de transcender les peurs et d'apaiser les tensions, grâce au secours du groupe ou des proches. La peur d'être (et de finir) seul est donc un élément anxiogène que le manipulateur sait repérer et satisfaire par une attention soutenue et convenue.

– *Argent.* Il s'agit d'un élan lucratif, intéressé, vénal, touchant la cupidité de la personnalité. Cet argent n'est pas forcément proposé de façon ostentatoire, car cela pourrait heurter l'amour-propre de celui qui le reçoit, mais passe plutôt par des voies détournées (paiement d'un voyage, achat d'un ordinateur, soutien financier à un tiers) non culpabilisantes. La liasse de billets, « au black » (sortie des radars du fisc et des proches), fait cependant plonger beaucoup de monde. Plus la somme est modique, moins les scrupules sont importants et plus la collusion est facile à pérenniser (« ce n'est pas très grave », se dit-on alors).

1. *L'Attachement : approche clinique*, Nicole et Antoine Guedeney, Paris, Masson, 2010.

Lorsque les montants sont trop importants, souvent la peur ou les scrupules dissuadent le corruptible.

– *Nouveauté.* C'est l'attraction produite par tout ce qui est à la mode, novateur, *high-tech*... Certaines personnes mettent leur point d'honneur à être les premières à défendre telle ou telle cause, telle néo-philosophie, etc. L'*ego* est l'un des leviers de ce principe.

– *Sexe.* L'attirance sexuelle fait appel à des moteurs physiologiques hormonaux autant qu'à la psychologie. Les humains sont génétiquement programmés pour se reproduire et le sexe est l'une des composantes déterminantes de leur survie en tant qu'espèce. Cet instinct de vie, qui transcende toutes les barrières, est également un formidable moteur fantasmagorique, qui stimule les parties sensibles du cerveau et provoque des bouffées d'adrénaline, de noradrénaline, d'ocytocine, etc., et qui génère du « plaisir » (le mot magique est lancé). C'est la quête du plaisir, de la jouissance, de la satisfaction narcissique, qui induit cet élan naturel pour le sexe. En outre, tout le monde cherche à être aimé, chéri. Certains sont portés sur le plaisir dominateur de « conquérir », qui est un puissant levier manipulatoire. D'autres sont mus par le désir de prendre en charge un être aimé, ce qui est un moteur altruiste. Dans tous les cas, ces instincts s'imposent de façon quasi universelle, quels que soient les âges, les sexes ou les cultures. Rien de plus facile pour les services de renseignement que d'utiliser cette « faiblesse » parfois transgressive (sexualité marginale, prostitution) pour prendre l'ascendant sur une personne.

– *Orgueil.* Que ne ferait-on pas par orgueil ou vanité ? Henry de Montherlant distinguait les deux ainsi : « La seule supériorité de l'orgueil sur la vanité, c'est que la vanité attend tout, et l'orgueil rien. » L'orgueil est un sursaut qui naît souvent de l'impuissance ou de complexes cachés, comme le reconnaissait François Bizot : « Les résignations qui nous sont les plus difficiles doivent souvent passer par une petite négociation, pour donner le change à notre impuissance[1]. » Ce levier manipulatoire trouve également sa source dans la quête de reconnaissance, l'envie de se sentir appartenir à une organisation puissante, ou le désir d'être gratifié d'un titre, d'un grade, d'une médaille, d'un privilège, qui flattent l'*ego* et montrent au monde ce qui nous distingue du tout-venant.

– *Utilité.* Ce levier manipulatoire est qualifié de « noble », car il est souvent l'apanage des investissements désintéressés dans des causes humanitaires ou sociales. La grandeur d'âme est une prison qui contraint celui qui s'en revendique : il ne peut plus faire machine arrière, ni se renier, au risque de voir s'effondrer le sens de son investissement, sa position sociale, sa réputation (si chèrement acquise) et la cohérence de ses idées.

1. *Le Portail*, Paris, Éditions de la Table ronde, 2000.

– *Contrainte*. Torture, chantage, influence morale, peur… toutes ces pratiques servent d'outils de soumission et donc de manipulation. Les manipulateurs usent et abusent de toutes les méthodes de chantage liées aux travers humains de leur cible (sexe, cupidité, méchanceté, etc.).

– *Idéologie*. C'est la justification que l'on donne à nos croyances et à nos préjugés. Peu importe qu'elle soit fondée ou non, l'important est ce qu'elle représente dans la trajectoire de notre personnalité et de nos choix de vie. Par idéologie, on peut se cramponner coûte que coûte à des doctrines et des postures qui ne sont plus en concordance avec nos idéaux profonds (changement de croyance politique, de doctrine comportementale, etc.).

– *Suffisance*. Ce levier rejoint l'orgueil et la vanité. C'est un élan protecteur qui conforte une forme de toute-puissance, niant un certain nombre de difficultés ou d'obstacles, basée sur la surévaluation de nos capacités et la sous-estimation d'autrui. Cette observation d'Albert Camus, dans *La Chute*[1], est éloquente en la matière : « L'air de la réussite, quand il est porté d'une certaine manière, rendrait un âne enragé. »

À cette grille d'influence, on pourrait ajouter un dernier levier, pour conclure, celui de la « réputa-

1. *La Chute*, Gallimard, Paris, 1956.

tion », un outil dont la puissance se vérifie constamment.

Les sept péchés capitaux

Les sept péchés capitaux, qui forment l'un des piliers conceptuels de la religion catholique, énoncés par saint Thomas d'Aquin dans son traité théologique[1], seraient à l'origine de tous les péchés et les vices, véritables « outils de manipulation ».

– *L'orgueil* (*superbia* en latin) est la surestimation de ses capacités, le fait de s'attribuer des qualités que l'on n'a pas, de tout rapporter à soi dans une soif effrénée de reconnaissance. Il peut se présenter sous plusieurs formes : vantardise, vanité, opiniâtreté, présomption, sentiment de supériorité, ambition dévorante, mépris ou hypocrisie.

La Rochefoucauld ne voit que peu d'espoir d'échapper à ce péché qu'il pense universel : « Ce qui nous rend la vanité des autres insupportable, c'est qu'elle blesse la nôtre. » Paul Valéry, quant à lui, estime que l'orgueil est parfois l'œuvre d'un sursaut lié à une blessure narcissique : « Le plus farouche orgueil naît surtout à l'occasion d'une impuissance[2]. »

L'étiquette du XVIIIe siècle imposait des règles de conduite et de bienséance qu'il était dangereux

1. *Somme théologique*, 1266.
2. *Moralités*, Gallimard, Paris, 1932.

d'enfreindre, au risque d'être banni ou rejeté par la cour du roi. Le contrôle absolu des émotions rendait alors le sentiment d'orgueil encore plus violent, car porté par d'insupportables frustrations. Les manipulateurs et esprits pervers de l'époque pouvaient alors œuvrer à leur aise dans cette jungle impitoyable et piquer l'orgueil de tout un chacun en le couvrant de ridicule. Versailles était, derrière ses fastes et son décorum, l'un des terrains de jeu de la noblesse perverse et envieuse, comme l'a parfaitement montré Patrice Leconte en 1996 dans son film *Ridicule* sous-titré *Il n'épargne personne*.

– *L'avarice* (*avaritia* en latin) est l'accumulation de richesses et de biens jalousement conservés, sans notion de partage ou d'abandon. « L'avarice perd tout en voulant tout gagner », disait Jean de La Fontaine[1] : l'avare ne peut se satisfaire de ce qu'il a accumulé et n'a souvent aucune idée de comment dépenser sa fortune. L'avarice correspond souvent à une angoisse de manque trouvant principalement sa source dans des frustrations juvéniles. C'est aussi un processus fascinatoire associé à une certaine forme de pouvoir : détenir de grosses sommes d'argent, c'est être en mesure de monnayer son autorité sur les autres et sur le monde. Le manipulateur va donc chanter à l'avare la petite musique qu'il veut entendre, lui faisant croire qu'il va l'aider à satisfaire sa soif de richesse… La cupi-

1. « La Poule aux œufs d'or », *Fables*, livre V, fable 13, 1668.

dité est souvent l'arme absolue contre l'avare, car sa soif inextinguible d'argent va le pousser à prendre des risques inconsidérés pour s'en approprier encore davantage. On dit que l'argent rend fou et aveugle ; l'espoir de richesse est un puissant moteur qui trouve sa source dans une quête de toute-puissance.

– *L'envie* (*invidia* en latin) est un complément de l'avarice : c'est le sentiment que l'on ressent lorsque l'on convoite le bien d'autrui, la tristesse ressentie face à la possession par autrui d'un bien, et la volonté de se l'approprier par tout moyen et à tout prix. Elle est difficile à refréner et conduit à la jalousie, puis à la haine et aux conflits, comme l'a mis en évidence René Girard[1] : « Chacun désire être l'autre en possédant ce qu'il possède. Non que cet objet qu'il possède soit précieux en soi, ou particulièrement intéressant ; mais le fait même qu'il soit possédé (ou qu'il puisse l'être) par l'autre auquel je cherche à m'identifier le rend désirable, irrésistible. »

Le manipulateur sait exciter l'envie d'autrui, jusqu'à ce qu'elle se transforme en épreuve frustrante insupportable, soit sous forme d'un désir irrépressible qu'il entretiendra pour prendre le contrôle de sa cible, soit en laissant entrevoir la possibilité de satisfaire lui-même l'envie d'autrui (car il en aurait le pouvoir), et il utilisera l'espoir comme levier de domination. Le « désir triangulaire », cher à René Girard, est une

1. *Mensonge romantique et vérité romanesque*, 1961.

forme aboutie de ce contrôle d'autrui par le biais du désir, car le manipulateur se pose en « médiateur » entre celui qui désire et celui qui détient ce qui est convoité, en créant ou en renforçant ledit désir. Il suscite, crée l'attrait ou l'intérêt, feint la convoitise ou le désir, jusqu'à ce que l'effet attractif opère.

– *La colère* (*ira* en latin) produit des excès en paroles ou en actes (insultes, coup de sang, etc.) qui peuvent dégénérer en violence physique, en meurtre ou en introspections froides et terriblement revanchardes. Alain[1] disait : « Quand un homme a peur, la colère n'est pas loin. » Elle est souvent la manifestation hystérique de nos peurs, « une courte folie », selon le poète romain Horace, si difficile à maîtriser, qui vient des entrailles. D'ailleurs, les neurosciences localisent dorénavant des cellules neuronales dans nos estomacs ; des expérimentations montrent que l'on éprouve d'emblée certaines sensations fortes, avant même de les intellectualiser au niveau du cortex. Le corps réagit, puis le cerveau cherche à rattraper la vitesse d'exécution de la cascade d'hormones qui s'ensuit.

La colère est multifactorielle et passionnelle, elle peut trouver sa source dans l'impatience, l'intolérance, la contrainte, la frustration, l'injustice, le désir passionné, la vexation, l'indignation, la confrontation

1. *Propos sur le bonheur*, Émile-Auguste Chartier, dit Alain, 1928.

(verbale ou physique), la provocation... Les manipulateurs savent parfaitement envenimer une situation afin de provoquer la colère.

– *La luxure* (*luxuria* en latin) est le plaisir sexuel recherché pour lui-même. Sa recherche prit souvent des formes obsessionnelles, car c'est une manifestation transgressive. La fornication, la débauche, l'adultère, l'inceste, l'échangisme et toutes les formes spécifiques d'attirances sexuelles transgressives, sont des manifestations des péchés de chair qui furent tour à tour sanctifiées (bacchanales de l'Antiquité romaine), ou diabolisées (codes de bonnes mœurs du Moyen Âge). La luxure est l'arme quasi absolue des services de renseignement, tant son efficacité offre de perspectives manipulatoires : confession sur l'oreiller, indiscrétions téléphoniques, excitation suivie d'incitation scabreuse, chantage à la moralité, etc.

– *La gourmandise* (*gula* en latin) est l'envie déraisonnée, voire gloutonne, de manger ou de s'enivrer, c'est-à-dire d'absorber un produit que l'on aime sans en avoir besoin (en l'absence de faim ou de soif). Autrefois, la différence sociale se manifestait par la différence physique, entre ceux qui étaient riches et opulents, donc bien nourris, et ceux qui étaient faméliques, donc nécessiteux : qualité et quantité sont les matrices de la gourmandise. S'il ne s'agit guère d'une grande arme manipulatoire, il est important de noter que l'intendance est l'un des moteurs des conquêtes militaires, et que les besoins physiologiques sont à la base de la pyramide de Maslow[1]. Les stratèges en entreprise vous le diront tous : soignez les secrétaires et les assistants, offrez-leur des chocolats, car ils sont les mieux placés auprès des donneurs d'ordres. Les personnes âgées, elles aussi, sont fortement influençables sur ce terrain. Les manipulateurs savent le pouvoir du palais… et n'hésitent pas à inviter leur cible dans un bon restaurant.

– *La paresse* (*acedia* en latin) se traduit par une posture lymphatique, flegmatique, une résistance à s'investir, une lenteur à agir, un manque d'entrain, une tendance à la procrastination. Le paresseux est manipulable parce qu'il ne cherche pas à faire d'efforts pour vérifier ce qu'on lui dit ou faire sérieusement son travail. L'habile manipulateur se portera toujours volontaire pour faire le travail du paresseux et deviendra son meilleur ami en faisant tout à sa place, jusqu'à ce que le stratagème lui permette d'obtenir ce qu'il recherche ou de devenir incontournable.

1. Abraham Harold Maslow, célèbre psychologue américain du début du XXe siècle, est connu pour son explication de la motivation humaine par la hiérarchie des besoins, représentée par une pyramide. À la base, on trouve les besoins physiologiques (la faim, la soif), puis la sécurité et la protection (avoir un toit où dormir, bénéficier d'une mutuelle), puis les besoins d'appartenance (faire partie d'une famille, d'un groupe), de l'estime de soi, et enfin les besoins d'accomplissement social : on ne pourrait accéder aux besoins du haut de la pyramide qu'en ayant accès aux plus basiques. Même si ces travaux sont aujourd'hui remis en question, le principe n'en reste pas moins éclairant sur les notions de priorité chez l'homme.

Les tentations et addictions

Par simple courtoisie, on dit qu'il faut savoir « prendre les gens par les sentiments ». On ferait mieux de dire qu'il faut savoir les prendre par leurs points de faiblesse ou de vulnérabilité, les tentations étant en première ligne. Car si elles restent souvent fantasmées ou idéalisées, les tentations n'en occupent pas moins une place de choix dans les préoccupations secrètes de chacun.

L'idéalisation d'une action lui donne une force redoutable, alors même que la réalité est souvent décevante. Il convient donc plutôt d'accepter que la tentation soit la part de folie de notre psychisme, son seul réel espace de liberté, et de ne point s'en offusquer. Soyons indulgents lorsque nous cédons aux tentations, mais également fiers lorsque nous avons le courage de leur résister. La résistance à la manipulation liée aux tentations n'est rien d'autre qu'une question de circonstances et de volonté. Plus les circonstances sont nombreuses, plus il y a de risque de céder. Il convient donc de limiter au maximum les occasions de se laisser tenter…

Certaines addictions comme le jeu, le sexe et la drogue font appel physiologiquement à la chimie moléculaire. Le cerveau satisfait libère des endorphines qui le verrouillent dans une recherche continuelle de nouvelles sensations gratifiantes. Les addictions rendent rapidement manipulable, car elles s'imposent comme prioritaires. La raison s'efface devant l'envie viscérale ; cet emprisonnement cognitif et physiologique annihile toute capacité de résistance.

Friedrich Nietzsche disait, à propos de l'addiction : « derrière le plaisir, une douleur se construit ». L'addiction, comme tout système psychocarcéral, est une souffrance présente ou à venir, que contrebalancent les quelques instants de satisfaction. L'addiction, comme beaucoup de maladies aux ressorts psychosomatiques, nécessite un accompagnement thérapeutique. On ne gagne pas seul face aux addictions, car tout peut servir d'excuse pour céder à nos travers. À défaut de modèle identificatoire, le plus sage est de trouver son guide (pour certains), son facilitateur (pour d'autres), et de prendre conscience de sa dépendance à une addiction. Toutes ne sont pas forcément dangereuses, car le sport, par exemple, peut être une véritable addiction, mais toutes passent par la souffrance comme prix à payer.

4

Qui sont les manipulateurs ?

Nous sommes manipulés quotidiennement depuis notre plus jeune âge, par nos parents, au premier chef (principalement pour notre bien ou pour satisfaire leur ambition), puis par le système scolaire, les « institutions » (associations, clubs, fraternelles, chapelles), puis le monde du travail (patrons, syndicats, représentants, partenaires, clients). Sans parler de la politique et des élections, où l'on atteint des sommets de manipulation et de dialectique tacticienne, tout concourt à faire de nous des moutons dociles, prêts à suivre le premier berger venu… ou le dernier prophète.

Rousseau prétendait que « l'homme naît bon, c'est la société qui le corrompt[1] » : l'homme est avant tout un être social et, de fait, un candidat naturel à l'influence

1. *Discours sur l'origine et les fondements de l'inégalité parmi les hommes*, 1755.

du groupe (quel qu'il soit), à l'aveuglement et au déni, avec son concours zélé, conscient ou non.

Durant ma carrière dans la police judiciaire et au RAID, j'ai très souvent été confronté à des gens manipulés, bloqués dans une impasse personnelle ou existentielle. La détresse les poussait à commettre des actes répréhensibles absurdes, pour tenter de s'extraire de cette spirale perverse qui allait les avaler et ruiner leur existence.

Quand l'homme ne sait plus utiliser les mots pour résoudre ses problèmes, il passe par la violence, qui est une autre forme de communication, inadaptée, injuste, absurde et réactionnelle, un pont branlant d'émotion et de débordement qui pousse les plus fragiles à l'action. Les manipulateurs servent souvent de passeurs d'épreuves pour ces êtres blessés qui sont avant tout des proies aisées.

On trouve des manipulateurs à tous les niveaux socioprofessionnels. Nul besoin d'un pouvoir particulier ou d'un statut important, il leur suffit d'être là au moment où leur victime est en situation de fragilité, de dépendance ou d'emprise.

Manipulateurs et escrocs ont-ils tous les mêmes profils ? Est-il possible de cerner des comportements, des réactions émotionnelles ou cognitives, des attitudes, qui singularisent cette catégorie de personnes ? Est-ce le terrain de jeu des manipulateurs qui favorise le vice, ou leur connaissance du fonctionnement humain dans lequel ils naviguent qui les conduit à se spécialiser dans telle ou telle infraction, dans tel ou tel scénario influent ? Ou est-ce la vulnérabilité de la cible qui fabrique l'escroc, par opportunité situationnelle ?

Nous allons tenter d'éclairer cet aspect de la manipulation avec le médecin psychiatre Guillaume Fond, praticien hospitalier, coordinateur du réseau français des Centres experts schizophrénie au Groupe hospitalo-universitaire Henri-Mondor et chercheur à l'Inserm, enseignant à l'université Paris-Est et membre de la Fondation FondaMental.

Peut-on parler d'un « profil » de manipulateurs ?

Christophe Caupenne : Tout d'abord, en termes de comportement et de personnalité, peut-on distinguer le normal du pathologique ?

Guillaume Fond : C'est une question difficile. La personnalité (du latin *persona* qui désigne le masque que portaient les comédiens dans l'Antiquité) peut être définie comme une « grille de lecture », le filtre qui nous permet d'interpréter le monde et en particulier les comportements et les pensées des autres. Elle peut également être définie comme une théorie personnelle développée par un individu dans le but de satisfaire ses besoins affectifs de base. Elle est le résultat d'un ensemble de schémas et de stratégies, une entité de pensées, d'émotions et de comportements qui caractérisent un individu. La capacité à se représenter les émotions et les pensées des autres s'appelle l'empathie, souvent confondue avec la sympathie et avec la compassion. Un bon manipulateur pourra avoir de l'empathie, sans sympathie ni compassion : il sera capable de se représenter les pensées et les émotions de l'autre pour le manipuler, sans aucune morale ni bienveillance à son égard.

CC : Comment définir une personnalité ou un trait de personnalité anormal ?

GF : La réponse dépend du système référentiel que l'on retiendra. En statistique, « l'anormalité » concerne les 2,5 % de sujets se situant à chacune des extrémités de la courbe de Gauss qui comprend l'ensemble des constantes biologiques et psychologiques. Cela signifie que la majorité des gens se trouve dans la moyenne, mais qu'un trait peut varier jusqu'aux extrêmes. Si l'on combine chacun de nos traits de personnalité et l'importance relative de ce trait, on peut imaginer l'infinité des personnalités possibles de l'être humain. Chaque individu est donc unique mais relève de phénomènes reproductibles. Les comportements de manipulation, par exemple, sont associés à certains traits de personnalité, ce qui ne veut pas dire qu'une personne accomplissant un acte de manipulation a forcément une personnalité manipulatrice. D'autant que la manipulation fait partie de la vie ordinaire et commence par celle (réciproque, soulignons-le) des parents et de leurs enfants. En outre, il n'est pas facile de déterminer des traits « pathologiques » dans le domaine de la personnalité, parce qu'elle est fluctuante, qu'elle s'adapte à son environnement. Le comportement de manipulation représente une interaction entre deux personnalités, et l'erreur serait de ne regarder que la personne désignée « manipulatrice » sans tenir compte de son miroir, la personne « manipulée », sans qui le manipulateur n'existerait pas. Ceci est parfaitement illustré dans la fable de La Fontaine *Le Corbeau et le Renard.*

CC : Ce sont donc l'environnement et les autres qui rendent manipulateur ?

GF : La personnalité se construit tout au long de la vie. Dans ses premiers mois, l'enfant, qui ne possède pas le langage, va s'attacher à une figure principale. Il s'agit en général de sa mère biologique, ou plus généralement de toute personne qui lui porte soin. Si l'enfant exprime un besoin et que celui-ci soit satisfait dans un délai raisonnable, il va développer un style d'attachement nommé « sécure ». Il s'agit du style d'attachement majoritaire dans la population. Toutefois, certains enfants ne reçoivent pas les soins adaptés, sur le plan physique ou émotionnel. Deux options s'offrent alors à eux : soit ils décident de ne plus exprimer leurs besoins, développant alors un attachement « évitant », soit ils décident d'exprimer deux fois plus de besoins pour obtenir l'attention, et dans ce cas ils développent un attachement dit « anxieux-ambivalent ». Les « évitants » pourront devenir de parfaits manipulateurs, car ils auront appris à ne compter que sur eux-mêmes. Les « anxieux-ambivalents », au contraire, seront facilement manipulables, car ils seront sans cesse en quête de reconnaissance et de réassurance. Ils seront particulièrement (trop) sensibles au regard des autres. Mais le développement de la personnalité ne s'arrête pas au stade de l'attachement. Avec l'apprentissage du langage, l'enfant développe des systèmes plus complexes d'interactions en fonction des situations. Il ne se comportera pas à l'école comme à la maison ou avec ses amis. Son cerveau va également se développer, et avec lui le cortex préfrontal (qui termine sa maturation vers vingt et un ans), responsable du contrôle et de l'inhibition des émotions primitives comme la tristesse ou la colère.

CC : Les profils manipulateurs se construiraient donc dès leur plus jeune âge ?

GF : Il semble erroné de dire que « tout se joue avant six ans », car le changement est toujours possible ensuite. Toutefois, dans les situations de fort stress, l'individu a tendance à régresser dans des mécanismes archaïques, c'est-à-dire aux premiers comportements et émotions acquis dans la petite enfance. C'est pourquoi on retrouve, chez les personnes présentant des troubles de personnalité, une prévalence augmentée de traumatismes psychologiques dans l'enfance. Parmi ceux-ci, on peut citer le divorce des parents, sans impact dépendant de la violence exprimée au moment de la séparation et de la réaction de chaque parent. La perte parentale précoce représente évidemment un traumatisme psychique important. On peut citer également les négligences (manque de soins fournis à l'enfant) et les abus (actes délétères pour le développement de l'enfant), qui peuvent être psychiques, physiques ou sexuels. Une maladie mentale et/ou un suicide au sein du foyer pendant l'enfance sont également des facteurs de risque de personnalité dysfonctionnelle à l'âge adulte. L'excès de soin et l'absence de limites peuvent être également délétères pour l'enfant, en gênant ses capacités d'autonomisation et d'indépendance, et conduire à des personnalités narcissiques (nous y reviendrons).

CC : Qu'est-ce qui différencie une personnalité « normale » d'une personnalité « pathologique » ?

GF : Lorsqu'on décrit ses traits de personnalité, il n'est pas rare d'avoir l'impression de souffrir d'un trouble de personnalité. Nous avons tous des traits de personnalité plus prononcés que d'autres. Une personnalité normale est une personnalité souple, « adaptable », qui nous permet d'être un peu plus obsessionnel au travail et un peu plus histrionique dans sa vie sentimentale, par exemple. Une personnalité pathologique se présente comme une personnalité « rigidifiée », qui manque de souplesse pour s'adapter aux circonstances de la vie : l'individu va choisir un mode de fonctionnement correspondant à un schéma acquis au cours de l'enfance et de l'adolescence.

Parmi les personnalités manipulatrices, on distingue trois grandes catégories, souvent étroitement liées les unes aux autres : les machiavéliques, les narcissiques et les psychopathes. Chacune pouvant s'accompagner de « comportements pervers » relevant d'une certaine jouissance dans la destruction de l'autre. Mais un *comportement* pervers ne signe pas forcément une *personnalité* perverse : un petit chef, dans l'euphorie de son pouvoir, peut se montrer pervers sans présenter pour autant une personnalité pathologique.

Les personnalités machiavéliques

Le Prince de Nicolas Machiavel, une œuvre surprenante et ambiguë, a souvent été interprété comme un ensemble de règles de gouvernance de la société, pragmatiques et dénuées de sensiblerie, dédiées à Laurent de Médicis afin de l'aider à rester au pouvoir et à garder son emprise sur ses conquêtes territoriales. Certains auteurs tels que Rousseau ou Spinoza pensaient que c'était en réalité un pamphlet déguisé, pour avertir le peuple inculte sur l'usage de la tromperie, de la manipulation et du rapport de force qu'exercent les despotes.

CC : Les personnalités « machiavéliques » sont-elles des êtres dénués de toute morale qui s'avèrent être d'admirables manipulateurs ?

GF : Une personnalité machiavélique se définit selon trois ensembles de valeurs reliés entre eux :

– une croyance (souvent masquée) dans l'efficacité des techniques manipulatoires pour interagir avec les autres (« ne dites jamais à personne la vraie raison de votre action, sauf si c'est utile de le faire ») ;

– un point de vue cynique sur la nature humaine (« il est plus sûr de partir du présupposé que chacun possède une propension à la malveillance qui apparaîtra dès qu'on lui en donnera l'occasion ») ;

– un point de vue cynique plaçant l'opportunisme au-dessus de toute morale (« on ne fait pas d'omelette sans casser des œufs »).

Ces individus pensent eux-mêmes être des manipulateurs pleins de talent, même si leur intelligence émotionnelle ne semble pas aussi forte qu'ils le croient. Ils ont en général un succès relatif dans leur carrière, surtout s'ils travaillent dans un milieu peu structuré, sans trop de contraintes d'organisation. Les autres ne leur témoignent pas spécialement d'aversion, mais ils n'ont pas de compétence politicienne exceptionnelle.

Facilement prédisposés à tromper, mentir et trahir les autres, ils s'engagent pourtant rarement dans des formes extrêmes de comportements antisociaux et sont plutôt vindicatifs.

Les relations entre le machiavélisme et le monde du travail ont été étudiées entre autres en marketing, en économie, en comptabilité et en psychologie appliquée, avec des effets qui ont pu être décrits comme positifs, aussi bien que négatifs. Au niveau de la vie en organisation, certains auteurs ont rapporté que les machiavéliques avaient plus de chances d'avoir des comportements contre-productifs tels que des vols, des abus ou du sabotage[1]. D'autres auteurs, au contraire, ont suggéré que les machiavéliques qui souhaitaient maintenir leur pouvoir au sein d'une organisation avaient tendance à présenter moins de comportements contre-productifs[2].

CC : Les machiavéliques n'ont-ils pas toutes les compétences adaptatives qui aboutissent au succès ?

GF : Parmi les effets positifs du machiavélisme au travail, on note la capacité d'être un « caméléon social », mimant les attitudes et les comportements des autres pour mener subtilement la situation à son avantage. Cette compétence permet à l'individu

1. Les Américains Robert A. Giacalone et Stephen B. Knouse, 1990.

2. L'Américain Roman C. Kessler, 2010.

machiavélique d'augmenter considérablement son réseau social, de gagner la confiance et le respect de ses collègues, et d'obtenir le comportement désiré du client, ce qui augmente ses performances professionnelles. Le machiavélisme combiné à de bonnes compétences sociales peut cacher les aspects les plus aversifs de ce trait de personnalité. Toutefois, les aspects positifs du machiavélisme au travail sont neutralisés par le risque que prend régulièrement l'individu en interrompant les relations d'échanges par des tentatives de manipulation détectées par l'autre. La volonté de manipuler ne coïncide pas toujours, en effet, avec la capacité de manipuler. Si un individu use de techniques de manipulation sans perspicacité dans la façon de se présenter, alors les collègues, les subordonnés et les superviseurs vont reconnaître la ruse, et la relation entre le machiavélique et l'organisation va s'en trouver affaiblie.

L'adage anglo-saxon « *Fool me once, shame on you. Fool me twice, shame on me* » (« Trompe-moi une fois, honte à toi. Trompe-moi deux fois, honte à moi ») indique que les individus sont particulièrement sensibles à l'iniquité dans les relations d'échange. Si le partage des récompenses n'est pas équilibré ou que l'un se dérobe à ses obligations, l'individu lésé va se protéger du machiavélique, dont la performance professionnelle va se retrouver diminuée.

Un grand nombre de tâches nécessitent une collaboration basée sur la confiance : les membres d'une équipe doivent pouvoir compter les uns sur les autres, les commerciaux doivent créer des relations durables avec leurs clients, les subordonnés doivent remplir leurs obligations par loyauté vis-à-vis de leurs managers et de leur équipe, les leaders doivent obtenir la confiance des personnes dont ils ont la responsabilité… La tendance du machiavélique à violer les principes de l'échange social affaiblit sa connexion aux autres.

CC : Le machiavélique est-il donc un caméléon optimiste et stimulant ?

GF : Non, car sa vision pessimiste de la nature humaine diminue fortement l'impact des récompenses que peuvent offrir les organisations. Sa quête du succès par des machinations peut dégrader ses performances. Par conséquent, les machiavéliques ont généralement moins de succès dans leur carrière. Dans une analyse récente, Jennifer J. Kish-Gephart et ses collaborateurs ont également montré que les machiavéliques avaient plus de chances d'avoir des attitudes non éthiques.

Le harceleur

Selon leur situation et dans certains contextes, les machiavéliques peuvent se transformer en harceleurs, notamment s'ils combinent machiavélisme et psychopathie, et ces comportements sont valables quel que soit le sexe.

Le harceleur rêve, dans son for intérieur, de toute-puissance et de pouvoir. Il cherche donc les failles de sa victime, car c'est une manière de masquer les siennes. Il travaille sur l'ascendant naturel ou organisationnel (fonctionnel) que lui confère sa position de domination (petit chef, mentor, entraîneur, confident machiavélique, conjoint, etc.). Chaque fois qu'une règle n'est pas clairement définie, il tente de manipuler, sans réelle transgression, afin de ne pas se mettre en défaut et se retrouver en position de coupable. Il abuse ses partenaires et collaborateurs, les traque, et dose son harcèlement, plus ou moins subtilement, jouant sur la culpabilité, la naïveté, l'indignation, en mettant en doute le sérieux, la probité et la conscience professionnelle de sa victime. Il s'indigne, s'insurge et utilise tout ce qui va stigmatiser sa cible.

- Le harceleur au travail

Le lieu de travail est un terrain favorable pour développer son emprise, car c'est un espace de contrainte d'où les salariés ne peuvent s'échapper, en dehors des congés, stages, formations ou arrêts maladie. La grande caractéristique de la présence d'un (chef) harceleur au travail est la proportion de demandes de stages et de formations, le nombre d'arrêts de travail, etc.

Le harceleur au travail cherche parfois à transférer son propre stress sur les autres, et si possible sur une personne qui « accepte » qu'on lui impose ce stress parce qu'elle est consciencieuse (jusqu'à l'obsession), dévouée (trop), ou peureuse.

Contrer le harceleur

• Souvent, le harceleur *malgré lui* (parce que soumis à un stress extrême) ne se rend pas compte des dégâts qu'il occasionne. Pour le contrer, il faut **lui faire prendre conscience de la situation anormale qu'il génère** en lui disant clairement ce que vous ressentez, mais sans critiquer directement son comportement, ce qui pourrait entraîner une réaction défensive. Il ne faut pas dire : « Vous me mettez une pression totalement disproportionnée », mais privilégier plutôt la ventilation de vos propres émotions : « Je suis dérangé(e) par cette pression, cela ne m'aide pas à vous donner plus vite ce que vous attendez. »

• Dans un cadre professionnel, le harceleur peut se laisser déborder par des situations ou des demandes tout à fait anodines. Auquel cas il conviendra de relativiser l'importance de ce qu'il énonce, parfois en resituant ses demandes dans le cadre global des contraintes du métier. **Plus vous céderez, plus les exigences se succéderont et gagneront en intensité** : se soumettre au harceleur n'est jamais une bonne solution. Même si c'est pénible pour vous et/ou contraire à votre nature, **il faut faire cesser le plus vite possible le harcèlement**, soit par une confrontation directe, soit par des voies légales de plainte auprès des autorités, instances syndicales ou justice. Montrez que vous n'êtes pas un mouton docile et n'ayez pas peur des conséquences, car 90 % des situations de ce type se résolvent sans préjudice pour celui qui s'insurge contre son harceleur.

• En désespoir de cause, **ne persévérez pas dans une entreprise où le dirigeant est pathologique, car vous risquez de somatiser**. Il faut savoir partir à temps.

- Le harceleur domestique

Le harcèlement n'est pas le propre des hommes et les harceleuses sont également nombreuses dans la sphère personnelle. L'exemple des femmes battues est toutefois paradigmatique de la situation d'emprise psychologique que peut exercer un membre du couple sur son conjoint, allant parfois jusqu'à la conviction, chez la victime, qu'elle mérite les mauvais traitements qu'on lui inflige.

En outre, l'effet est renforcé lorsqu'il se produit dans le cadre intime du couple, car il s'ajoute à la dimension sexuelle. Le processus « chaud/froid » commence par une apparente normalité, puis une emprise culpabilisante (le conjoint est considéré comme coupable de tous les maux), dans une succession de périodes de crise et de périodes d'apaisement. Le conjoint reste avec l'espoir constant que les lendemains seront meilleurs : c'est le piège des « bonnes relations » que la victime ne veut pas prendre le risque de rompre, provoquant alors le retour à la méchanceté du conjoint. Le manipulateur entretient cet espoir, mais profite de chaque prétexte pour créer de la culpabilité et relancer son harcèlement. Le « chaud/froid » est une manière de sceller la relation et de justifier l'agression constante du conjoint.

- Le harceleur pervers

Il cherche à prendre un ascendant terrorisant. Son pouvoir vient du mal qu'il fait aux autres : plus il malmène, plus il effraie, plus il fait culpabiliser, plus il dévalorise, plus son impression de pouvoir grandit. La domination sexuelle qu'il impose à sa victime lui donne encore plus de puissance. Il peut blesser narcissiquement, réduire à l'état d'objet, ou alterner les agressions et les attentions, jusqu'à déposséder sa victime de tout esprit critique.

Contrer le harceleur pervers

La vraie question est de savoir pourquoi rester avec lui, pourquoi rester dans son entourage, qu'attendre de cette relation. **Se soumettre n'est jamais une bonne réponse**. Là encore, la rupture est salutaire, en montrant sa force : il faut soumettre le harceleur et le faire plier. Vos proches, s'ils y sont déterminés, et **la justice peuvent vous aider à contrer le harceleur pervers**.

Les personnalités narcissiques

Évoquer le narcissisme me fait penser au tableau *Narcisse* (1598) du Caravage, qui représente ce superbe jeune homme dont les récits mythologiques issus des *Métamorphoses* d'Ovide rapportent le cruel dilemme lié à sa malédiction familiale : ne jamais observer son propre visage. Narcisse brave l'interdit et s'éprend d'un amour fou pour le reflet de son visage…

CC : En matière de psychopathologie, à quoi correspond le narcissisme et quelles sont ses conséquences ?

GF : Le narcissisme, un amour excessif de soi, est aujourd'hui étudié en tant que simple trait de personnalité ou en tant que trouble. Il ne se limite pas à l'individu et peut caractériser des organisations. Le narcissisme inclut :

– une surestime de soi,

– un attrait pour l'admiration, le contrôle et le succès,

– un désir de voir cet amour pour soi renforcé par les autres.

La plupart des auteurs distinguent l'amour pour soi, narcissique et pathologique, d'un respect pour soi et d'une confiance en soi, perçus comme des attitudes saines. Les narcissiques exagèrent la valeur de leurs accomplissements, n'entendent aucune critique, refusent le compromis et cherchent des relations sentimentales uniquement avec des individus qui les admirent. Les narcissiques apparaissent aux autres comme arrogants, agressifs, dans l'autopromotion et en général peu appréciables. Les narcissiques ont souvent une vie sentimentale troublée par leur égocentrisme et leur infidélité.

CC : Existe-t-il plusieurs types de personnages narcissiques ?

GF : Parmi les narcissiques, on distingue les « vrais » narcissiques, authentiquement convaincus de leur supériorité, des « narcissiques instables » qui cherchent en permanence la confirmation de leur valeur dans le regard de l'autre. Les dynamiques de ces deux groupes d'individus sont complètement différentes alors que leurs manifestations et leurs comportements sont pourtant très proches et souvent confondus. Les narcissiques instables sont dans une insatisfaction permanente et un besoin de reconnaissance, souvent lié à un schéma appelé « niveau d'exigence élevé », généralement acquis durant l'enfance et l'adolescence et le plus souvent induit par les parents. Il apparaît lorsque l'amour des parents est soumis à la réussite (scolaire, sportive, musicale, comportementale). L'enfant développe alors le sentiment qu'il n'est pas aimé pour ce qu'il est mais pour ses accomplissements. Ces élèves réussissent en général bien à l'école, ce qui renforce ensuite le schéma à l'âge adulte. On retrouve les profils du séducteur et de la séductrice parmi ces personnalités narcissiques instables.

CC : Le narcissisme est-il un frein à la performance ?

GF : Selon la théorie de l'échange social, il existerait une contre-performance des groupes où se trouvent des personnalités narcissiques : idées de grandeur, élitisme, hypercompétitivité et sentiment de supériorité conduiraient les narcissiques à des performances en deçà de la moyenne, à des promotions ratées et à l'ostracisme. Il a été démontré que les traits de personnalité narcissiques étaient associés à des taux plus importants de non-performance, d'insatisfaction vis-à-vis du travail, et à un risque plus élevé de *leadership* toxique.

Cet état de fait entre narcissisme et performance au travail est pourtant loin d'être supporté par les données empiriques. Robert Hogan et Robert B. Kaiser ont par exemple suggéré que des niveaux élevés de narcissisme pouvaient générer des promotions plus rapides, sans doute grâce à des conduites d'autopromotion et à la mise en place d'une politique organisationnelle engagée plus facilement par les narcissiques pour favoriser les relations avec leurs supérieurs. Le narcissisme crée des échanges de faible qualité desquels découlent des perceptions négatives de l'individu par ses collègues sur le lieu de travail, mais les narcissiques ne sont pas nécessairement des travailleurs improductifs. En position inconfortable dans leur emploi s'ils ont le sentiment de ne pas recevoir tout le crédit qui leur est dû, ils peuvent en revanche exceller s'ils sont placés en position d'autorité, car leur niveau élevé d'auto-approbation tend à les rendre satisfaits de leurs réalisations et les conduisent à surestimer leur acceptation par les autres. Arijit Chatterjee et Donald C. Hambrick ont ainsi suggéré que l'individu narcissique, dans certains cas, pouvait bénéficier non seulement à l'individu lui-même, mais aussi à l'organisation dans son ensemble.

Pourtant, l'association entre les traits narcissiques et des conduites contre-productives au travail semble plus étayée par les données. La propension des individus narcissiques à penser qu'ils font exception à la règle les rend plus prompts aux détournements de fonds, aux incivilités sur le lieu de travail, au harcèlement, aux agressions et aux crimes en col blanc.

Le séducteur

Le séducteur est un intuitif, observateur, qui ose entreprendre, car c'est l'occasion de tester son pouvoir sur les autres. Lorsqu'il n'est pas qu'un *narcissique prisonnier de son image*, le séducteur cherche, dans une première phase d'approche, à s'adapter à son interlocuteur en se montrant prévenant, empathique et *re-narcissisant*. Il sait alors être à l'écoute afin de trouver les centres d'intérêt de son interlocuteur, pour ensuite le flatter sans gêne ni retenue, le valoriser. Il fait rire, aussi, trouve de bons mots (démontrant ainsi son intelligence situationnelle ou sa capacité de repartie) et va même jusqu'à solutionner les problèmes des autres... alors que c'est, en réalité, le dernier de ses soucis.

Parfois, il joue à se faire désirer. Il feint l'indifférence, au début, pour ensuite manifester progressivement de l'attention, ce qui gratifie l'autre, jusqu'à provoquer un début de dépendance affective. C'est le piège des « bonnes relations ».

Le séducteur souffre d'une faille narcissique importante qui le conduit à vouloir incarner le « mâle alpha » (idéal et surpuissant), image idéalisée d'homme viril, que ses partenaires recherchent également, l'auréolant de tous les atouts sexuels et d'intelligence, qui font de lui un être rare. Parfois son identité sexuelle n'est pas réellement tranchée : il s'agit alors d'un « séducteur indifférencié », cherchant à conquérir et plaire à tout le monde, quelle que soit la cible. L'enchaînement des séductions peut être interprété comme une fuite en avant, un divertissement face aux pensées angoissantes (angoisses de solitude, de mort ou d'abandon). Il ne séduit pas l'autre pour l'aimer ou le protéger, car l'autre n'est qu'un instrument qui permet de se rassurer au travers de la conquête. Il ne supporte pas de perdre la partie et peut devenir votre pire ennemi : l'échec est pour lui insupportable. Au mieux s'arme-t-il de dédain à votre encontre si vous brillez plus que lui. Ce trait signe la fragilité de la personnalité du « narcissique instable », contrairement au narcissique simple.

La séductrice

Comme le séducteur, la séductrice est généralement brillante et ambitieuse, parfois arrogante et perfectionniste ; elle collectionne réussites professionnelles et conquêtes. Elle s'incarne dans le profil de certaines femmes hyperactives, multipliant les responsabilités, qui cherchent à tout contrôler, à commencer par elles-mêmes. C'est le syndrome « Wonderwoman », avec une recherche de toute-puissance et de maîtrise du monde. L'hypercontrôle signe une dimension obsessionnelle importante, en moyenne plus fréquente chez les hommes que chez les femmes. C'est la raison pour laquelle les femmes séductrices reprennent les codes de la domination sur l'homme, la relation de séduction étant alors associée à des enjeux de pouvoir.

Ces femmes veulent plaire à tout prix, dans une immédiateté que les psychiatres du début du XXe siècle ont souvent décrite comme une forme d'hystérie. On parle aujourd'hui de *personnalité histrionique*. Elles ont une importante faille narcissique qui trouve son origine dans l'enfance : souvent critiquées, humiliées et manipulées, elles manifestent une sorte de vengeance. Ces émotions négatives se sont transformées en forte énergie à canaliser. Quoi de mieux que la réussite professionnelle et sociale comme revanche sur la vie et comme outil de pouvoir sur le monde ?

Les séductrices « sexuelles » se rassurent sur leur pouvoir attractif et multiplient les tentatives de contrôle de leurs partenaires, sous forme de tableaux de chasse. Et plus ces partenaires sont difficiles à séduire et à corrompre, plus honorifiques sont la prise et la victoire. Certaines séductrices compulsives sont étiquetées *nymphomanes*, privées de jouissance, dans une recherche éperdue pour être adulées, désirées et conquises, mais sans jamais connaître la satisfaction.

Contrer les séducteurs et les séductrices

• **Un seul mot d'ordre : restez vigilant !** Ce n'est pas vous qui êtes irrésistible, tout à coup, c'est juste que vous êtes la personne qui va permettre au/à la séducteur/trice de satisfaire son besoin de conquête, ici et maintenant. Il est toujours agréable d'être courtisé par un(e) séducteur/trice, mais il faut bien avoir conscience que l'on n'est qu'un instrument ponctuel et que la lune de miel se terminera une fois la relation consommée. Nous sommes l'embellisseur de ses attentes narcissiques.

• **N'humiliez pas le narcissique, ne vous désintéressez pas de lui**, car il a besoin de vous comme d'une béquille rassurante. Sachez jouer le « juste cinéma » pour ne pas vous sentir obligé de céder à tout, sous prétexte de gentillesse et d'attentions. Le/la séducteur/trice consomme une partie de votre vie pour sa survie psychique.

• **N'octroyez que ce qui n'est pas dommageable pour vous**. Restez minimaliste. Quand on s'investit peu, au final on est moins déçu. Ne projetez pas sur l'autre votre propre mode de fonctionnement ou de pensée, vos principes et votre droiture. La déception sera forcément au rendez-vous, car vous serez dans la sincérité, là où le/la séducteur/trice restera dans le jeu. N'attendez rien de cette relation.

Le pervers narcissique

CC : On entend aujourd'hui beaucoup parler de pervers narcissique, une qualification très à la mode !

GF : Oui, en effet, avec beaucoup d'abus. Certains narcissiques peuvent incontestablement entrer dans une attitude perverse. La définition de la perversité varie selon les auteurs. Nous retiendrons celle de la *jouissance dans la destruction.* Lorsque ce comportement de destruction est associé à un sentiment de toute-puissance, cela définit le pervers narcissique. Il s'agit souvent d'une combinaison des comportements machiavéliques et narcissiques décrits plus haut.

CC : Le pervers narcissique est donc un prédateur qui se nourrit de son emprise sur les autres ?

GF : Il jouit du jeu du chat et de la souris et avance toujours masqué. Au début, il se montre enjôleur, attentionné, très à l'écoute, précautionneux et rassurant afin de mettre en confiance. Mais c'est pour ensuite mieux nuire et détruire l'autre à travers un triptyque comportemental invariable : séduction, emprise et manipulation.

Une fois qu'il sait où se trouvent les failles de sa victime, le pervers narcissique va l'humilier, la dévaloriser, la faire culpabiliser pour tout et rien, s'emporter jusqu'à la terroriser, en prenant toujours soin de ne pas heurter la morale. Dans l'intimité du foyer, tout le monde redoute d'ailleurs ses sautes d'humeur cyclothymiques, alors même qu'au-dehors il passe pour un conjoint modèle, aimant et protecteur.

Il projette sur l'autre la mauvaise image qu'il a de lui. C'est une sorte d'attaque en miroir. Son objectif est la destruction mentale de l'autre qui est utilisé comme un objet, une marionnette ou un imbécile, jusqu'à obtenir une emprise sadique. Il se croit plus fort que sa victime (et que tous les autres) et souffre d'un complexe de supériorité et de mégalomanie. Son *ego* disproportionné lui interdit toute remise en question et, au final, il se nourrit de la souffrance de l'autre, qui masque sa propre détresse cachée. Il est « maître ès injonctions paradoxales[1] » et projette sa mauvaise image de lui-même sur un autre qu'il s'évertue à détruire en le faisant culpabiliser. Personnage versatile et colérique, il ne supporte pas les pensées nobles, les qualités morales, et s'en moque. Il prend plaisir à transgresser, à heurter la morale, à rabaisser de façon blessante ou mesquine.

1. L'injonction paradoxale est une demande impossible à réaliser parce qu'elle impose, dans le même temps, une contrainte incontournable qui empêche de la réaliser. Ex. : « Travaille plus longtemps le soir, mais repose-toi, car, sinon, tu ne tiendras pas le coup ! »

Contrer un pervers narcissique

• **Ne cherchez surtout pas à vous justifier**, le pervers narcissique a réponse à tout et trouve le moyen de vous enfermer dans une argumentation toujours plus agressive et violente, jusqu'à la rupture. Il jubile alors de vous voir plonger dans son scénario humiliant, patauger dans des justifications maladroites et improvisées.

• **Cessez la relation dès que possible**. Limitez les contacts et les informations que vous lui donnez. Montrez-lui que vous n'êtes pas dupe de ses manipulations et que vous lisez parfaitement dans son jeu. Montez un dossier de harcèlement (si c'est possible) et dénoncez son comportement à la hiérarchie. Virez-le si c'est l'un de vos n-1, car sa capacité à nuire est sans limite et il fera imploser votre équipe, à terme.

• **Ne livrez rien de personnel à ces personnes** qui s'intéressent d'un peu trop près à votre vie privée. **Protégez votre intimité** et pourrissez sa réputation sociale, en aparté, en usant vous aussi de ruse et de stratégie. Il l'aura bien cherché. En le dénonçant au grand jour, vous alertez tout le monde sur sa perversité. Il y a de grandes chances qu'il préfère fuir la déconvenue et l'opprobre.

Les sadiques et les cruels

Ces personnes aiment faire mal, le plus possible, en allant jusqu'à détruire l'autre. Leur plaisir se joue dans la souffrance exercée sur les autres, dans la transgression d'un interdit moral ou social. Le rapport dominant/dominé est parfois librement consenti par les acteurs, chacun prenant du plaisir à jouer son rôle, même si la victime s'en défend.

Les sadiques jouent continuellement avec leur entourage « accommodant », c'est-à-dire avec ceux qui prennent plaisir à être malmenés ou blessés. Leur monde est binaire, partagé en deux catégories : ceux qui ont le pouvoir de faire souffrir et ceux qui subissent cette domination. Mais les sadiques n'arrivent que très rarement à bout de leurs ambitions manipulatoires, car leur empressement à jouir de la souffrance occasionnée les fait repérer très vite. Ils sont d'ailleurs de piètres manipulateurs.

C'est en revanche plus troublant d'être confronté à un « cruel », car celui-ci se dévoile souvent à l'occasion d'une action inattendue qui frappe alors comme un coup de tonnerre. C'est une révélation qui nous dérange, car on sent que l'on a été abusé sur sa vraie nature, avant cet événement, qu'il a joué la comédie de façon cynique et froide. Et on prend souvent peur, en partie à cause de notre aveuglement.

La fréquentation d'une « victime consentante d'un sadique » est également particulièrement dérangeante, car, là aussi, on sent après coup que l'on s'est fait abuser. Souvent, on tente de prendre sous notre aile une personne qui paraît peu sûre d'elle, ou craintive, jusqu'au moment où l'on découvre qu'elle se moque de notre bienveillance et qu'elle recherche, en réalité, son bourreau idéalisé. La prise de conscience est alors violente et provoque de graves déceptions, qui amusent d'ailleurs la pseudo-victime.

Le psychopathe

CC : J'ai beaucoup travaillé, durant ma carrière de policier, sur la psychopathie, car c'est l'une des composantes du processus criminel : absence d'émotions, avant, pendant et après l'acte, et donc absence totale de compassion pour les victimes. Bon nombre de psychopathes sont cependant parfaitement intégrés et disposent de postes à responsabilités, se dissimulant derrière un paravent de normalité. Certains hauts responsables sont ainsi qualifiés, du fait de leur absence totale d'états d'âme, dans des cas de licenciement de masse, par exemple. Le profit semble alors être leur seul stimulant émotionnel. Qu'en est-il ?

GF : La psychopathie est marquée par un manque de considération pour les autres et pour les mécanismes de régulation sociale, par une impulsivité et un manque de remords. Les psychopathes sont souvent perçus comme des managers désinvoltes et charismatiques. Émotionnellement peu profonds, ils adoptent souvent un mode de vie parasitaire, en s'engageant dans des activités illégales pour arriver à leurs fins.

Les échelles de mesure de la psychopathie comportent des items évaluant la capacité de l'individu à utiliser le charme pour éviter la colère d'autrui, la remise en cause des figures d'autorité sans raison valable, l'immunité au stress (être capable de garder son calme quand les autres ne le peuvent pas), l'indifférence, la froideur affective et l'absence de sentimentalité (incapacité de s'engager affectivement).

Comme le narcissisme, la psychopathie a été considérée comme un trouble de la personnalité (assimilé au trouble antisocial). Aujourd'hui, on estime que c'est un trait de personnalité souvent associé à la triche en milieu scolaire, à la recherche de relations sexuelles à court terme et à une préférence pour les relations violentes ou antisociales. La psychopathie est enfin liée à diverses formes de crimes et d'abus sexuels.

Aux États-Unis, des études ont montré que plus de trois millions d'employés et d'employeurs exprimaient des comportements psychopathiques sur leur lieu de travail. Comme pour le machiavélisme et le narcissisme, des individus aux traits de personnalité psychopathiques prospèrent sur leur lieu de travail. Parfois appelés *snakes in suits* (serpents en costume), ces individus s'épanouissent particulièrement dans un contexte rationnel vidé de toute émotion, avec un objectif permanent de réussite, à tout prix et en dépit de tout et de tous. Il arrive même que les qualités du psychopathe soient en accord avec la mission et la vision de l'organisation dans son ensemble : 3,5 % des meilleurs chefs d'entreprise auraient des « qualités » relevant de la psychopathie.

CC : C'est dans les entreprises de crime organisé que les psychopathes sont vus comme de bons éléments et placés dans des positions de *leadership* ?

GF : Pas seulement ! Leur attitude erratique et leur manque d'empathie font de ces individus psychopathes des anti-employés modèles. Moins enclins à trouver de la valeur aux récompenses indirectes (comme le regard social ou l'acceptation par leurs collègues), ils ne s'inquiètent pas de remplir les obligations sociales et ne s'encombrent pas de la norme de la réciprocité. Leur faible affectivité les rend moins loyaux vis-à-vis de leur employeur, ils sont moins sensibles aux retours négatifs sur leurs performances et donc plus enclins au vol et au sabotage. Leur indifférence envers les droits des autres peut facilement les inciter au harcèlement moral.

Le profil incarné par Leonardo DiCaprio dans *Le Loup de Wall Street* est celui d'un voyou séduisant, charmeur et coureur de jupons, manipulateur compulsif, d'une grande froideur, et qui ne recule ni devant le danger ni devant les basses œuvres (licenciements violents, recadrages publics de collaborateurs). Visiblement maître de ses émotions (dénué de honte, de culpabilité et de remords), il est considéré comme un génie par certains et comme un affreux personnage pathologique et incontrôlable par d'autres.

Avec lui, le pire n'est jamais sûr, car ce qu'il aime, c'est « gagner », et il est profondément calculateur, ce qui le rend redoutable. Sans scrupules, il déforme les faits, menace le personnel, discrédite certains éléments (ceux qui représentent un obstacle ou un danger pour lui), et se présente d'emblée comme avenant, travailleur, combatif et au service de la bonne marche de l'entreprise. Sa nature égoïste et autoritaire apparaît cependant très vite : il est en réalité peu coopérant et n'aime pas travailler en groupe.

Difficile à détecter lors des entretiens d'embauche, le psychopathe sait dire et faire exactement ce qui va plaire au recruteur. Son adaptabilité et son agilité le servent alors merveilleusement. Seuls des entretiens avec plusieurs recruteurs distincts, sur des sujets différents, permettent de déceler la supercherie en recoupant les informations.

Contrer le psychopathe

- Les meilleurs indicateurs de présence d'un psychopathe au sein de votre équipe sont les défections, les départs et les abandons de projets chez des salariés prometteurs ou bosseurs. **Il faut alors favoriser les échanges directs avec le personnel**, notamment les juniors, et encourager les remontées d'informations avec la hiérarchie, sans crainte de représailles.

• Avec le psychopathe, il faut s'attendre à des demandes matérielles et à marchander sans cesse dans un système « donnant donnant » épuisant. **Ayez une approche concrète et pragmatique**, restez toujours factuel. N'espérez pas l'émouvoir ou l'intimider, encore moins le faire culpabiliser. Seuls ses propres intérêts lui importent, il faut donc jouer uniquement sur la logique bénéfices/pertes, pour lui. Il faut le convaincre des avantages qu'il peut tirer de la situation que vous lui proposez, tout en donnant l'impression de lui laisser le choix. C'est un compétiteur qui ose tout, car il est sans scrupules.

• *Excessivement vaniteux, le psychopathe a un* ego *démesuré* qui lui fait penser qu'il est supérieur aux autres. **Gardez à l'esprit qu'il a besoin de se croire maître de la situation**. Attention aux promesses que vous pourriez lui faire, car il est sourcilleux sur les engagements verbaux passés avec vous : il se souviendra de tout et saura vous mettre en délicatesse en cas de tromperie. Plus il peut répondre par des termes tels que « dealer » ou « vendre », meilleure est sa position. **Ne baissez jamais la garde**.

• Enfin, **n'espérez pas pouvoir utiliser son absence de remords** à des fins de manipulation de vos adversaires et de vos concurrents, car sa loyauté est nulle et il vous trahirasi son intérêtl'y pousse. **C'est le traître opportuniste parfait !**

Le psychopathe dysfonctionnel

Le tableau clinique de la personnalité pathologique[1] se caractérise par l'instabilité, l'impulsivité et des conduites antisociales ne s'accompagnant d'aucune culpabilité. Cette forme est la plus liée aux abus ou aux négligences dans l'enfance et se manifeste par des troubles de la conduite qui apparaissent principalement avant l'âge de quinze ans : irritabilité, impulsivité, multiplication des bagarres et agressions diverses, cruauté physique envers des animaux ou des personnes, parfois pyromanie, fugues, violences sexuelles, addiction à des drogues et à l'alcool, mensonges systématisés et pathologiques, duperie, imprudence pour sa sécurité et mise en danger para-suicidaire, égocentrisme, intimidation, recherche de gratifications immédiates, utilisation des autres sans retenue (très souvent manipulateur, charmeur superficiel et bon escroc), totalement déloyal, se croyant « spécial », dénué d'empathie, blâmant les autres[2] (car ce n'est jamais lui le coupable) et incapable d'assumer ses actes.

À l'âge adulte, d'autres traits complètent le tableau : incapacité à maintenir une activité professionnelle,

---

1. *Psychologie de l'intervention policière en situation de crise*, collectif dirigé par Michel Saint-Yves et Peter Collins, avec la participation de Christophe Baroche, ex-psychologue du RAID, Québec, Éditions Yvon Blais, 2011.

2. Travaux de Logan et Robert Hare, 2007.

chômage prolongé, absences répétées au travail, abandon de plusieurs emplois. Incapacité à se conformer aux normes sociales/légales.

La dimension criminologique de son passage à l'acte se caractérise par une absence d'émotions avant (manipulateur), pendant (sans pitié) et après l'infraction (absence de remords). On parle alors de « froideur psychopathique ». Les menaces n'ont que peu d'effet sur lui, car il n'a pas accès aux émotions (notamment la peur) dans la même intensité que les autres. Sa déloyauté s'exerce également à l'égard de ses congénères délinquants ou criminels, et c'est le profil type de l'individu qui trahit son gang ou ses complices si cela sert ses intérêts.

D'autres personnalités « à fond manipulatoire » sont intéressantes à analyser, même si elles ne présentent pas de dimension pathologique aussi perturbatrice.

Le passif dépendant

Il vous utilise comme une béquille, pour avancer, ou un tuteur, pour survivre psychiquement. Vous devenez la personne la plus importante de sa vie (il vous a choisi comme étant son meilleur ami) et il entre en véritable dépendance affective avec vous : vous le sauvez, heureusement que vous êtes là et que vous êtes gentil. Mais tout ceci n'est qu'un leurre qui masque son angoisse d'abandon. Il se ment à lui-même et corrompt votre relation, vous n'êtes qu'un instrument à son service. Il reste dans une « demande continuelle » qui sert de paravent à son malaise identitaire, en créant une éternelle situation où vous incarnerez son sauveur. Il vous fait croire qu'il va suivre vos conseils, notamment lorsqu'il s'agit de se prendre en main, ou de s'autonomiser, mais reste cependant dans un processus de continuelle victimisation qui sert à vous faire culpabiliser, surtout s'il sent que vous cherchez à fuir la relation. Cela peut aller jusqu'à la menace de suicide, car sa peur d'être délaissé peut virer à la panique. Vous vous inquiétez, car seule votre présence semble pouvoir le rassurer, vous culpabilisez de ne pas en faire assez, ou de vouloir prendre de la distance avec lui (« vous ne pouvez pas lui faire ça ! »)… Le piège est refermé.

Contrer le passif dépendant

• **Ne cherchez pas à résoudre ses problèmes**. Plus vous passez de temps à le soutenir, plus vous verrouillez la relation pathologique, car vous prenez une importance capitale dans sa vie, et son angoisse passe de « feinte » à « réelle ».

• **Ne le laissez pas envahir votre vie**. Acceptez de lui consacrer un temps défini à l'avance (à certaines heures, certains jours seulement), afin de l'éduquer à cette distance nécessaire entre vous et lui. Le travail de régulation se fait donc très en amont, dès que vous vous rendez compte que la relation est anormale.

Le chevalier blanc

L'approche initiale est en générale positive : vous avez rencontré une personne pleine de valeurs, de principes, et qui défend de nobles causes. Toujours prête à s'investir et à batailler pour des idéaux, elle s'impose vite comme un modèle, notamment dans les groupes.

Pourtant, plus le temps passe, plus cet individu devient obtus, dirigiste, manichéen, orgueilleux et parfois sectaire. Le monde se dessine alors de façon binaire entre le bien et le mal… et gare à ceux qui ne pensent pas (ou plus) comme lui ! Et si vous ne respectez pas les règles qu'il estime nobles, il vous fait aussitôt culpabiliser en dénonçant votre manque de conviction et d'engagement. Son pouvoir de persuasion et son enthousiasme poussent son entourage à le soutenir, à adhérer à ses combats, à contribuer à une bonne action, jusqu'à ce que sa vanité ou sa radicalité deviennent insupportables.

Contrer le chevalier blanc

Le chevalier blanc vit une expérience de « pouvoir » sur les autres. Il ne l'avouera jamais, mais il a trouvé le moyen d'exercer de l'influence sous prétexte d'un comportement exemplaire, donc légitime et noble.

En réalité, il se nourrit de conflits, alors même qu'il revendique le contraire et prétend les résoudre ou les éviter !

- **N'entrez pas dans le jeu de la critique** (donc du conflit ouvert), ni dans la justification de votre moralité, de la pertinence de vos décisions.
- Il doit trouver sans cesse des contrevenants aux règles qu'il estime bonnes pour les autres. C'est un personnage déloyal, donc **n'espérez pas avoir des relations durables et apaisées avec lui** : un jour ou l'autre, vous serez à votre tour sur le banc des accusés voire sur celui des personnes à bannir. **Si vous le pouvez, restez à distance de ce type d'individu**.

Le gardien du temple

Le gardien du temple est souvent une personne hiérarchiquement élevée, à fond paranoïaque, qui nourrit sa soif de pouvoir sur les autres en se prétendant le plus respectueux des règles, l'irréprochable de service, celui sur qui tient toute la morale de l'entreprise, le dernier grognard… En réalité, il accommode les règles à sa façon, en fonction des circonstances. C'est souvent quelqu'un que l'on découvre finalement malfaisant, après plusieurs indices convergents, car il ne sait pas rester exemplaire, alors qu'il le chante à longueur de journée.

Sa devise pourrait être : « Faites ce que je dis, pas ce que je fais. » Il s'inquiète que les autres soient profiteurs, mais en réalité, c'est pour mieux défendre ses intérêts. C'est une personne amorale qui se construit une personnalité « pseudo-narcissisante » afin de s'autocomplimenter continuellement au détriment des autres, qui sont tous suspects ! Il utilise les autres pour gonfler son *ego* et passer pour l'être idéal, le sauveur du système. D'ailleurs, il ne manque pas de défendre cette position auprès des plus hautes autorités, le conduisant à se faire des ennemis de la morale partout !

Ne croyez jamais avoir conquis sa confiance, le gardien du temple est un solitaire. En revanche, il sait s'entourer d'affidés zélés qui craindront son courroux. Son orgueil le fera partir au combat de façon péremptoire et sabre au clair. Ce n'est pas un adepte des coups fourrés en douce, il préfère humilier lui-même et s'enorgueillir du plaisir de vous avoir fait tomber…

Enfin, le gardien du temple fait des procès d'intention à tous, dans une sorte de rouerie paranoïaque. N'attendez aucune loyauté de sa part, ni aucune sympathie. S'il en témoigne, elles seront toujours feintes et empreintes d'une forme de chantage à la probité.

Contrer le gardien du temple

• **Accumulez des preuves** de chacune de ses malversations, de ses erreurs, puis lorsque vous aurez des choses significatives à présenter comme preuves de ses agissements délétères, n'hésitez pas à lui savonner la planche auprès de la hiérarchie. En revanche, **attendez-vous à vous en faire un ennemi mortel**. Mais peu importe… C'est tellement bon de le révéler sous son vrai jour !

5

Les personnes les plus facilement manipulables

La première chose que j'ai apprise en prenant mes fonctions à la police judiciaire, c'est que l'auteur de l'infraction et sa victime forment *un couple.* La victime participe très souvent, pour partie, à la réalisation de l'infraction, en se mettant en danger ou en prêtant le flanc. Je me suis donc posé la question du lien qui pouvait exister entre le manipulateur et la personne manipulée. Qui sont donc ces candidats à la manipulation ?

Les candidats au changement de vie

Victor Hugo écrivait, dans *Les Misérables* : « Nos chimères sont ce qui nous ressemble le plus. » La parfaite représentation de ce principe est celle de la catégorie des quadras et des quinquas, en mal de jeunesse ou en pleine crise existentielle, qui changent brutalement de vie à la suite d'un élément déclencheur souvent anodin (une rencontre, un échec, une déception, un accident...). Dans un besoin impérieux de transformer leur quotidien, ils ont tendance à s'illusionner de tout ce qui va aller dans le sens de leur désir.

Celui qui veut changer de vie s'expose à un apprentissage « essai-erreur » qui peut le conduire entre les mains de manipulateurs subtils. En fonction de la nouvelle vie recherchée, trop souvent et trop longtemps idéalisée, le candidat au changement met tout en œuvre pour se mentir et justifier ainsi la pertinence de sa décision. Celui qui se ment à lui-même devient son propre « pire ennemi ».

Les personnes victimes de psychopathologies

Schizophrènes, névrosés, victimes de TOC (troubles obsessionnels compulsifs) ou de bouffée délirante aiguë (BDA), les personnes qui souffrent de psychopathologies, comme tous les malades, sont vulnérables et donc relativement faciles à influencer, en jouant soit sur l'affect, soit sur leurs peurs, et notamment si elles se raccrochent à une personne qu'elles croient être de confiance.

Les victimes d'angoisses abandonniques

La peur d'être délaissé, de ne pas être aimé des autres pousse des personnes émotionnellement fragiles à se mettre en situation de soumission vis-à-vis de personnalités fortes et dominatrices, qui vont prendre un fort ascendant sur elles, puis régenter leur vie à leur place. La dépendance affective est un puissant levier manipulatoire.

Pour ne pas s'exposer au risque d'abandon, la victime est prête à tous les aveuglements, quels que soient les signaux faibles ou forts qu'elle peut détecter.

Les victimes de traumatismes d'enfance

Ceux qui ont vécu dans leur jeune âge des situations blessantes ou dévalorisantes, traumatisantes et inquiétantes, à répétition, développent fréquemment des mécanismes d'adaptation de type « pensée magique », processus de réassurance ou conduites d'évitement. Les manipulateurs repèrent vite ces marques d'inquiétude et ces rituels. Il leur suffit alors d'en trouver subtilement les causes pour apparaître comme « celui qui comprend et qui rassure », jusqu'à devenir parfois la seule bouée de sauvetage que la victime puisse avoir.

Les arrogants et les mégalomanes

Adeptes inconditionnels des défis qui leur permettront de s'évaluer, de se transcender et de prouver à tous leur toute-puissance, les arrogants, avec leur *ego* surdimensionné, sont une cible de choix pour les manipulateurs, qui les placeront sans cesse face à de nouveaux défis, jusqu'au moment où ils trébucheront.

Il en va de même des orgueilleux chroniques, cherchant à prouver qu'ils sont les plus généreux, les meilleurs financiers, les plus « tendance », les premiers à détenir tel ou tel objet, les seuls à avoir le monopole de quelque chose, etc. Leur délire de grandeur ou d'originalité peut les conduire à leur perte, car il y aura toujours un nouveau défi à relever, un nouvel objet à acquérir. Jusqu'à l'épuisement ou la ruine.

Ils ont souvent une cour de flatteurs ou un aréopage de courtisans qui vivent à leurs crochets en les payant de fausses servilités et de flagorneries obséquieuses.

Ceux qui culpabilisent sans cesse

Ceux qui s'incriminent trop facilement et durablement parce qu'ils ont toujours peur de ne pas en avoir fait assez, de ne pas être assez exemplaires, d'être responsables de tout[1], sont des victimes idéales pour les manipulateurs.

La notion de faute est inscrite dans toutes les religions et s'est imposée dans le judéo-christianisme comme outil d'enrichissement des clergés, par la possibilité « de racheter ses erreurs et manquements par des indulgences ». La morale s'accommode bien de la générosité compensatoire…

La culpabilisation fait partie de ces paramètres comportementaux de notre vie quotidienne, qui prouvent que nous disposons de belles valeurs personnelles d'investissement, de loyauté, de respect des autres, de conscience professionnelle, etc. Car si nous n'avions pas tout ça, nulle culpabilité possible.

Les « gens biens » sont les victimes toutes désignées des manipulateurs, car ils respectent des règles, là où les autres les bafouent. Retenez seulement qu'il vous faut redoubler de vigilance et être attentif, dans vos relations sociales, à ne pas vous faire mener par le bout du nez par une trop grande naïveté.

1. Le phénomène est accentué lorsque l'individu présente un fond névrotique, auto-agressif, auto-accusateur ou une faible estime de lui-même.

Les outils de la contre-manipulation

La contre-manipulation de personnalités complexes ou pathogènes débute par une compréhension du besoin qui s'exprime et par une capacité à travailler sur soi pour :

– Cesser de s'illusionner ou de croire que nos préjugés, présupposés sont des réalités intangibles (surtout lorsqu'elles sont trop rassurantes).

– Identifier correctement le processus qui se déroule sous nos yeux, décrypter les signaux faibles de la manipulation et admettre objectivement que l'on a peut-être commencé à se faire duper.

– Laisser de côté son *ego* et ne pas chercher à tout prix à professer, à trouver des solutions toutes faites à chaque sujet, des réponses rationnelles à chaque question, de doctes logiques à chaque problématique, car, si l'on en croit Montesquieu, à s'estimer « sachant » on en oublie de rester modeste[1]. Or l'absence de modestie crée un terrain favorable à la manipulation.

– Ne pas être dans une quête rigide de perfection, ni avoir des exigences trop importantes, et se contenter plutôt de petits progrès. On ne change pas les comportements manipulateurs aisément. C'est souvent un travail de longue haleine.

---

1. *Essai sur les causes qui peuvent affecter les esprits et les caractères*, 1892.

– Discipliner nos émotions, car l'agressivité, le dégoût, la colère ou, à l'inverse, l'apitoiement, la compassion ou la déception sont des leviers très puissants, qui peuvent induire des modifications majeures de nos comportements et de nos croyances.

– S'affranchir de tout jugement et retenir cette petite phrase de Jean Anouilh, dans *L'Hurluberlu* (1959) : « Au combat, tout le monde a peur. La seule différence est dans la direction que l'on prend pour courir. » Les apparences peuvent être trompeuses et le jugement trop souvent un moyen de masquer nos manques ou nos erreurs.

– Accepter le jeu de la partie adverse (sans pour autant le cautionner ni s'y soumettre), afin de ne pas camper sur une résistance posturale ou défensive (intellectuelle). Être en mesure d'entrer dans le « monde adverse » pour comprendre ce qui l'anime et le motive.

Il convient de trouver le sens des choses et d'identifier le besoin caché derrière l'attitude exprimée par le manipulateur : est-ce de la perversité, de la jalousie, de la mesquinerie, de la bêtise ou de la cupidité ? Une personnalité dite « manipulatrice » est motivée par de nombreux moteurs psychiques et attractifs. Il vous appartient de savoir comment vous accommoder ou non de ses travers. C'est vous qui décidez, ou non, de mettre les pieds dans le plat et de faire cesser ses manœuvres d'influence.

Entrer dans la contre-manipulation, c'est accepter de ne pas chercher à tout prix à réagir ou à juger l'autre. Si vous parvenez à « lâcher prise », vous retrouverez une certaine forme de lucidité. L'émotion brutale passée, une fois cette étape franchie, vous pourrez mettre en place les stratégies qui vous semblent les plus adaptées pour y répondre. Toutes seront circonstancielles, en fonction des profils présents, du contexte, de l'environnement et des acteurs qui influencent plus ou moins directement la situation. Nous sommes donc bien dans une « adaptation », avant d'être dans la stratégie d'une réponse standardisée, méthodologique.

Rien ne se fait en dehors de la réalité « ici et maintenant », c'est-à-dire en tenant compte des paramètres *systémiques* de la situation. Il est possible d'induire des changements partiels de comportement, mais pas de changer la nature des gens, ni leur système de fonctionnement, notamment lorsqu'ils sont rigides et provoquent des problèmes relationnels. Le manipulateur ne changera que rarement, car c'est dans sa nature profonde de vouloir tromper, mentir, enjoliver, trahir, profiter, s'approprier… Pour lui, c'est souvent identitaire, à défaut de n'être qu'utilitaire.

En revanche, prenez conscience de la situation, et ouvrez les yeux sur les techniques employées pour vous influencer, vous cesserez ainsi d'être la proie idéale : « un homme averti en vaut deux ».

6

La manipulation sous toutes ses formes

Les techniques d'influence sont nombreuses et ont été parfaitement étudiées au XXe siècle, notamment dans les domaines du commerce et de la publicité, mais aussi et surtout dans les pratiques du management.

Manipulation, performance individuelle et recrutement

La performance individuelle est basée sur cinq piliers dont trois sont plus ou moins directement manipulatoires :

– Le savoir : ce sont les connaissances, les acquis personnels ou professionnels.

– Le savoir-faire : c'est l'art de savoir appliquer toutes les connaissances acquises. Il peut être empirique ou issu de l'apprentissage.

– Le « savoir-faire faire » : c'est la capacité à inciter des collaborateurs, des employés, des proches ou toute autre personne à agir pour soi. C'est donc le pouvoir de conviction associé au pouvoir de *leadership*.

– Le savoir-être : c'est l'agilité requise pour s'adapter à ses interlocuteurs, à une situation donnée ou à son environnement. C'est savoir choisir la bonne posture afin de se faire mieux accepter.

– Et le faire-savoir : c'est le fait d'arriver à bien « vendre » ses informations, bien valoriser sa réputation, faire la publicité de ses atouts, de ses capacités et de ses performances.

C'est sur ces trois derniers piliers que les manipulateurs travaillent, le « faire-savoir » arrivant en position de tête des principes manipulatoires. Les abuseurs extrapolent, mentent, enjolivent, s'inventent des réputations, des filiations, des historiques, des faits divers, des amis, des exploits... Ils dupent d'autant plus facilement que nous raffolons des belles histoires, bien racontées, qu'elles finissent bien ou mal.

C'est là que se trouve l'une des grandes règles de la contre-manipulation : nous sommes victimes de nos propres attentes, de nos croyances et de nos désirs. Le désir de faire confiance à un tiers est un formidable levier automanipulatoire, car nous prenons alors tout pour « argent comptant », laissant ainsi le champ libre aux manipulations des gens de mauvaise foi.

Nous entrevoyons alors l'enjeu des phases de recrutement, où de plus en plus de candidats n'hésitent pas à truquer leur CV pour le rendre plus attractif. Internet sert de plate-forme aux faussaires, lieu idéal du *storytelling*. Concurrence et préjugés obligent, la fraude se normalise et s'intensifie, faute d'être mise au jour par de vraies enquêtes de cursus. Quel service de ressources humaines se donne réellement la peine d'appeler chaque entreprise indiquée dans le CV d'un candidat, dès lors que le profil immédiat de celui-ci semble correspondre aux attentes ? Faute de temps et de moyens, ou volonté de se rassurer, de gagner du temps et de se convaincre que l'on tient, enfin, le candidat, bon nombre de recruteurs se fient à leur première intuition[1]. Et c'est normal. La « bonne tête » du candidat a encore de beaux jours devant elle ! Pourtant, charisme et audace sont malheureusement deux caractéristiques majeures des personnalités psychopathiques, c'est-à-dire celles des pires prédateurs « sociaux ». On trouve parmi eux les grands pervers, les tueurs et les escrocs de génie.

Afin de ne pas se laisser manipuler à l'occasion d'un entretien d'embauche, la règle de base est de rester

1. En France, la brigade d'enquête sur les fraudes aux technologies de l'information (BEFTI) de la police judiciaire, créée en février 1994, compte des policiers spécialisés dans les nouvelles technologies. Elle mène notamment des investigations dans le domaine de la création de fausses informations sur Internet au profit des faussaires et des escrocs.

discipliné, méthodique et pragmatique. Il convient de vérifier point par point les données présentées par un candidat « intéressant de prime abord », d'étudier la cohérence des informations de façon dépassionnée et factuelle, et de se méfier des trop beaux discours. Toute vérification, même superflue, est préférable à un aveuglement basé sur la bonne tête ou la bonne posture du candidat, car recruter un manipulateur, c'est introduire un loup dans la bergerie… Il aura tout loisir d'y nuire sans vergogne et il sera terriblement difficile de s'en débarrasser.

Manipulation et hypnose : du médical à l'hypnose spectacle

La caractéristique des grands manipulateurs, c'est que leurs victimes « tombent toujours de haut ». Elles prétendent toutes ne rien avoir vu venir, comme si elles étaient littéralement « hypnotisées ». Or, l'hypnose est bien un moyen d'influence, qui trouve aujourd'hui ses lettres de noblesse en pénétrant le cercle très fermé des pratiques médicales. L'hypnose médicale, outil surprenant dont nous ne connaissons pas encore bien les rouages et les leviers, se substitue de plus en plus fréquemment à l'anesthésie chimique, notamment.

L'hypnose médicale ou hypnothérapie

Christophe Caupenne : L'hypnose est une discipline médicale reconnue, présente dans de nombreux services hospitaliers, et notamment utilisée lors des anesthésies, mais aussi dans les cabinets des psychothérapeutes. Quels sont les principes de cette pratique et l'objectif qu'elle poursuit ?

Nathalie Chatillon[1] : L'hypnothérapie se développe en effet depuis une vingtaine d'années en France, tant en milieu hospitalier que dans le cadre de psychothérapies. L'hypnose est utilisée dans la gestion de la douleur, des troubles anxieux (stress, états de panique) ou des états dépressifs, mais aussi en vue de changer des comportements, notamment de dépendance (tabac, alimentation).

Quel que soit le domaine, l'hypnose vient en complément de la pratique du soignant ou du thérapeute, et donc de sa culture professionnelle d'origine. En psychothérapie, l'hypnose éricksonienne[2] peut ainsi

---

1. Psychologue, hypnothérapeute et psychopraticienne, Nathalie Chatillon est formée aux thérapies brèves plurielles, à l'hypnose ericksonienne, et à l'EMDR, une méthode officiellement recommandée par la Haute Autorité de santé (HAS) pour traiter l'état de stress post-traumatique.

2. L'hypnose ericksonienne a pour but d'amener conscient et inconscient à travailler ensemble pour déclencher les changements désirés par le patient. Le psychiatre américain Milton Erikson (1901-1980) est à l'initiative de nombreux courants de psycho-

être utilisée dans le cadre d'une psychanalyse, d'une thérapie comportementalo-cognitive (TCC), ou encore de thérapies brèves.

L'hypnose correspond à un état de conscience modifié, parfois appelé « troisième état » : il ne s'agit ni d'un état de veille, ni d'un état de sommeil. Les patients que j'accompagne sont souvent surpris de constater que pendant la séance d'hypnose ils avaient tout à fait conscience d'être avec moi dans la pièce tout en étant aussi, et en même temps, ailleurs. C'est ce qui caractérise l'état de dissociation propre à l'hypnose.

L'hypnose utilise l'état de conscience modifié qui la caractérise, *via* la transe hypnotique, pour atteindre un objectif de changement ou de gestion de la douleur, par exemple. Ce mot de « transe », qui fait parfois peur, signifie tout d'abord que la personne est invitée à ressentir une détente corporelle, à se relâcher. Cette détente va permettre ensuite une modification du mode de perception habituel du patient. Comme l'explique François Roustang[1], lorsqu'une personne est en transe hypnotique, son mode de perception devient à la fois vague et illimité, ce qui lui offre « une capacité sensorielle qui permet à [son] corps de ne plus être enfermé dans les évidences spatiales et

thérapies actuelles (thérapies familiales et brèves, analyse systémique, PNL, etc.).

1. *Savoir attendre. Pour que la vie change*, Odile Jacob, Paris, 2008.

temporelles ». C'est cet état corporel et de conscience modifié qui va permettre au sujet d'accomplir le changement de comportement souhaité, en psychothérapie, et une modification de la perception de la douleur, dans le cadre d'une analgésie.

Il est important de souligner que toute hypnose est autohypnose : le soignant ou le praticien qui accompagnent leur sujet en hypnothérapie l'aident à produire un état naturel. Nous entrons en effet plusieurs fois par jour en état d'hypnose sans même le savoir : absorbés par un bon film, nous n'avons plus conscience d'être dans la salle de cinéma ; en conduisant sur l'autoroute et en écoutant de la musique, nos pensées s'envolent et tout à coup survient cette solution que nous cherchions depuis longtemps…

CC : Quel est le principe qui permet au message de douleur de ne pas arriver avec autant d'agressivité au niveau du cerveau du patient, permettant ainsi de limiter l'usage de drogues pour l'apaiser ?

NC : En milieu hospitaliser, les effets analgésiques de l'hypnose sont aujourd'hui évalués scientifiquement. Des techniques de neuro-imagerie médicale ont permis de démontrer un effet réel au niveau cérébral, avec des différences dans l'activité cérébrale indiquant un état modifié de conscience et une réduction sensible de l'activité des régions corticales impliquées dans le ressenti de la douleur.

En psychothérapie, l'utilisation de l'hypnose commence à faire l'objet d'évaluations scientifiques, mais elles sont encore trop récentes pour être scientifiquement probantes.

CC : Les sorciers et les chamans utilisent-ils l'hypnothérapie ?

NC : En soin chamanique comme en état de transe vaudoue, le sujet entre en effet en hypnose. Mais l'hypnose est victime à la fois de son efficacité et de son succès. L'hypnose dite « de spectacle » entraîne ainsi beaucoup de confusion et véhicule une idée de « manipulation », car il faut bien avouer qu'elle est utilisée comme telle dans ce type de représentations : l'objectif est clairement de « faire le show », et les personnes qui y sont hypnotisées se prêtent à cette manipulation sous hypnose. Le public ne peut alors que constater la redoutable efficacité de l'hypnose...

CC : Comment se pratique une séance d'hypnothérapie ?

NC : Dans le cadre d'une psychothérapie, qu'elle soit brève, analytique ou psychanalytique, une séance d'hypnose se pratique selon une relation thérapeutique de confiance établie entre le patient et son thérapeute. Cette « alliance thérapeutique » est indispensable pour atteindre l'objectif de changement désiré par le patient.

Cette demande doit d'abord être clairement identifiée, par exemple : « Je souhaite me sentir en confiance pour passer tel entretien d'embauche et pouvoir ainsi mobiliser toutes mes ressources », ou encore : « Je souhaite me libérer de ce sentiment de peur qui a tendance à m'envahir lorsque j'ai un souci. »

Le thérapeute propose ensuite au patient de s'installer confortablement afin d'induire ce qu'on appelle l'état de transe. Cet état est avant tout un état corporel de détente que le thérapeute va ensuite plus ou moins approfondir en fonction du niveau de transe recherché. Il va amener le patient à détendre très progressivement chaque partie de son corps, puis l'inviter, par exemple, à « se promener » dans un lieu qui lui est particulièrement agréable.

En fonction de l'objectif de la séance et de ce que le thérapeute connaît du patient, l'hypnothérapeute va ensuite faire un certain nombre de suggestions directes et indirectes, permettant au patient de mettre à profit l'état hypnotique pour aller puiser dans ses ressources et ses apprentissages la solution qu'il souhaite apporter au changement désiré.

Enfin, le thérapeute va inviter progressivement le sujet à revenir à un état de veille pleinement conscient.

CC : Existe-t-il des contre-indications à l'hypnose ?

NC : L'hypnose étant un outil au service d'un soignant ou d'un thérapeute, c'est à eux d'en mesurer les effets, les limites et les contre-indications, dans le strict cadre de la relation thérapeutique avec le patient. Les formations de qualité insistent sur les vigilances à observer. Il appartient au thérapeute d'apprécier l'opportunité de l'emploi de cette technique et surtout son propre niveau d'expertise et d'expérience clinique en la matière, afin de ne pas jouer à l'apprenti sorcier.

L'hypnose, ou l'art d'instaurer la confiance

Si l'hypnose présente un intérêt dans le domaine médical, ce qui nous vient spontanément à l'esprit quand on aborde ce sujet, c'est « l'hypnose spectacle », un univers que connaît bien le magicien Dan Leclaire[1].

Christophe Caupenne : Sans vous demander de révéler vos secrets, pourriez-vous nous aider à comprendre comment vous parvenez à exercer une influence sur votre public ?

Dan Leclaire : Je travaille quotidiennement ma dextérité, parce que rien n'est possible, en matière de magie, si vous ne maîtrisez pas l'agilité technique. Je fais mes gammes, comme un pianiste, tous les jours. Je répète un geste jusqu'à en avoir parfois des crampes, pour qu'il devienne un automatisme. Puis je

1. Magicien, hypnotiseur et conférencier.

cherche à savoir comment ce geste technique peut être masqué par un « leurre » (un mouvement, une position, un ustensile de scénographie, un détournement d'attention, etc.). La conjugaison des deux principes donne alors toute l'efficacité à la technique déployée.

CC : La magie est donc l'art d'habiller une prouesse gestuelle ?

DL : C'est plus subtil que ça, car l'influence n'est possible que si un préalable environnemental est réalisé. Cela passe par plusieurs paramètres.

– La mise en ambiance : l'installation d'un univers approprié à la magie est un préalable indispensable. Si vous ne créez pas l'ambiance, vous ne pourrez pas « conditionner » les gens à ce qui va arriver. Le décorum crée l'atmosphère de mystère, propice à toutes les surprises et les croyances.

– La mise en confiance : la cible écoute le fond mais subit la forme. Sa perception est modifiée, sa conscience aussi. Lorsque la personne cherche à comprendre *le fond*, son cerveau oublie de regarder *la forme*. L'effort initial pour « comprendre le truc » prend le dessus sur la possibilité de regarder tout ce qui parasiterait l'objectivité de l'observation des yeux. Le cerveau fait soit l'un, soit l'autre, mais pas les deux.

– L'influence : mise en place du processus manipulatoire. C'est la réalisation « technique » du tour et c'est ce qui fait que la magie est souvent considérée comme une « grande illusion », car elle nécessite le geste parfait, dans l'angle parfait, à un instant précis.

CC : Pourriez-vous nous en dire plus sur cette dimension manipulatoire ?

DL : La magie peut s'apparenter à une manipulation ou une désinformation du public. Celui-ci croit voir quelque chose, alors que « la vérité est ailleurs ». Le tour en lui-même n'est qu'un détail. En fait, tout commence bien avant sa réalisation proprement dite.

Le magicien crée de l'empathie. Il capte et détourne l'attention du public pour le conditionner à croire. Ce qui est intéressant, c'est que les ressorts par lesquels un magicien et un hypnotiseur parviennent à exercer une influence sur le public garde, y compris pour celui qui opère, une grande part de mystère.

L'hypnose n'étant pas une science exacte, un même geste technique ne va pas produire le même effet sur tous les publics. On a beau exécuter des gestes répétés plusieurs milliers de fois et les appliquer exactement de la même manière, le résultat ne sera pas toujours au rendez-vous, le public étant une somme de personnalités hétéroclites, pour certaines fortes et résistantes, pour d'autres fragiles et disponibles. Mais le plus déterminant est, je crois, la capacité à *entrer en relation* avec ce public.

CC : En matière de négociation de crise, l'enjeu premier pour le négociateur du RAID est de lâcher prise avec ses propres émotions et ses préjugés pour capter l'attention du forcené ou du preneur d'otage, afin d'instaurer, si possible, une relation de confiance. Si cette relation ne s'établit pas, la communication est impossible et l'échec de la négociation certain[1]. Est-ce la même chose en ce qui concerne l'hypnose ?

DL : Parfaitement ! La dextérité n'est rien si on ne sait pas « sentir » le public. Dans une relation à deux, on peut rapidement savoir à qui l'on a affaire. Lorsque la démonstration implique plusieurs personnes, cela devient plus compliqué. Mais on dispose alors de leviers supplémentaires. On peut ainsi développer la relation avec les personnes les plus « en confiance » pour gagner celle des plus rétives. L'exemple d'une réussite emporte la conviction de tous, comme une lame de fond. Ensuite, il s'agit de capter par tous les moyens possibles les informations (attitude, voix, langage corporel…) qui permettent de cerner la posture dans laquelle le public est installé, qui varie de la confiance à la défiance la plus farouche.

CC : Que faites-vous face à une personne qui refuse toute forme de coopération et vous oppose une attitude défensive ?

DL : Dans une telle situation, j'essaie de faire évoluer son attitude progressivement, presque « déli-

1. Voir : *Négociateur au RAID*, Christophe Caupenne, éditions Le Cherche Midi, Paris, 2010.

catement ». Je l'enroule d'un regard complice et bienveillant pour qu'elle m'accepte, presque comme un allié. Contrairement à vous, je ne peux pas dire au public qu'il risque de gros ennuis s'il refuse de coopérer. Ma seule arme dans ce cas précis, c'est la séduction. Je détourne mon public du droit chemin (ce que signifie étymologiquement le mot latin *seducere*), j'essaie de l'emmener ailleurs, de le distraire, de détourner son attention pour mieux la capter ensuite.

CC : En somme, vous le manipulez…

DL : Merci ! Venant de vous, je prends ça comme un compliment. Mais je dirais plutôt que j'installe un climat favorable. La manipulation vient dans un deuxième temps, lorsque le tour commence.

Je demande alors aux participants de faire avec moi un certain nombre de gestes simples, créant progressivement un collectif que je vais conduire. Ensuite, je leur demande de joindre leurs mains en entrelaçant leurs doigts, puis de sortir leurs deux index, tendus l'un en face de l'autre. Je leur demande alors d'écarter ces deux doigts. Premier phénomène étonnant (mais facilement explicable) : plus on essaie d'écarter les deux index dans cette position plus ils se rapprochent. Je demande alors à mes invités de fermer les yeux et leur annonce qu'au moment où ils les rouvriront, à mon signal, ils auront les doigts collés. Lorsque je donne le top, dix pour cent des participants ont les doigts collés.

C'est avec eux que je vais poursuivre : ils ont, en quelque sorte, passé le premier test ! Je les fais alors compter jusqu'à cinq. À trois, je leur demande de mettre les mains dans le dos, puis je leur dis : « Vous allez basculer et je vais vous rattraper. » C'est une étape clé du tour. C'est ici que doit s'installer la relation de confiance qui permettra d'aller encore plus loin.

Je peux alors passer à l'étape suivante, la fameuse étape de l'endormissement. Je demande, à l'un des participants m'ayant fait confiance quelques secondes plus tôt, de rapprocher ses pieds l'un de l'autre et de bien respirer. Je saisis son bras droit tout en lui parlant pour le détendre. Cela me permet notamment de savoir, par le touché, s'il est ou non détendu. Je continue à lui parler, à l'habituer à ma voix, pour créer un climat favorable à son engourdissement progressif avant de le prendre par surprise. Et sans le prévenir, je tire sur son bras et l'accompagne dans sa chute. Le participant, sous les yeux crédules des spectateurs et des autres participants, vient tout juste de s'endormir. Il est en état d'hypnose.

CC : Comment réagissent alors les autres participants ?

DL : À ce stade, une nouvelle étape est franchie. Les autres commencent à croire que c'est possible. Les résistances s'effondrent. Tous savent désormais que je suis capable d'endormir un inconnu par ma seule volonté. Dès lors, on assiste à une sorte d'effet domino. C'est pour l'hypnotiseur un moment jubilatoire. Plus les participants voient leurs camarades tomber en état d'hypnose, plus il devient facile de les endormir eux-mêmes.

CC : Les participants sont-ils véritablement endormis ?

DL : Il s'agit d'un sommeil léger, plus léger qu'une sieste. Le cerveau reste connecté alors que le corps est en pause. Les participants continuent à m'entendre, ce qui me permet de poursuivre le tour et d'étendre mon influence. Il arrive qu'un participant résiste, qu'il se réveille. Mon travail consiste alors à l'accompagner dans son réveil et à poursuivre avec les autres avec une étape généralement appelée « approfondissement ». Sans changer la tonalité de ma voix afin de maintenir leur cerveau dans un cocon lénifiant, je leur explique que c'est moi qui commande, désormais, et qu'il leur appartient de me suivre.

À ce stade de conditionnement, quatre-vingt-dix pour cent des participants se soumettront à mes demandes, des plus classiques aux plus incongrues. Je leur demanderai, par exemple, de se mettre dans une certaine position et de ne plus en bouger. À l'un d'entre eux, je pourrais dire : « Maintenant, tu vas oublier le chiffre sept », et lorsqu'il comptera, il passera de six à huit. À un autre : « Ton prénom n'existe plus, dorénavant, tu t'appelles André », et il lui sera impossible de se souvenir de son propre prénom.

Je peux même conduire les participants à un exercice d'hallucination dirigée. Il me suffira d'annoncer à l'un des participants qu'il va rencontrer sa célébrité préférée pour que celle-ci « apparaisse » devant lui. C'est alors assez spectaculaire de lire l'effarement dans les yeux du participant, persuadé qu'il est devant la personne qu'il a toujours secrètement rêvé de rencontrer !

CC : Comment se termine le tour ?

DL : Par un simple claquement de doigts, geste bien installé dans l'imaginaire populaire, je décrète qu'il est l'heure de se réveiller. J'accompagne alors les participants en douceur et leur explique ce qui vient de se passer. Le tour est joué.

CC : À vous entendre, on se dirait presque que c'est un jeu d'enfant. Mais cette influence totale, cette emprise que vous avez sur les participants ne vous effraie pas ?

DL : L'hypnose est effectivement un outil spectaculaire. Mise entre les mains de personnes malintentionnées, elle peut certainement faire des ravages. Les chroniques judiciaires sont d'ailleurs, hélas, pleines d'histoires de techniques hypnotiques utilisées à des fins délictueuses ou criminelles. Mais n'oublions pas que l'hypnose est surtout employée à des fins médicales, avec des résultats extrêmement bénéfiques. Le mentaliste qui utilise l'hypnose se doit d'avoir une éthique solide, des règles et des limites. En ce qui me concerne, je n'ai aucune difficulté à laisser mes tours au vestiaire une fois le spectacle terminé, et je retrouve alors sans peine ma personnalité et, avec elle, la relative timidité qui me caractérise.

CC : Êtes-vous en mesure d'intellectualiser réellement ce qui provoque la réussite de vos tours ?

DL : Je crois que nul n'échappe à *l'incompréhensible*. Nous avons tous besoin de rêver, de croire... Notre monde est régi par la science, par la rationalité, mais les progrès scientifiques n'ont jamais aboli la croyance en des événements qui paraissent surnaturels. Les mythes, les légendes et les contes sont des miroirs magiques qui nous aident à comprendre la vie et ses codes. La magie est un formidable champ de rêves où nous retrouvons tous notre âme d'enfant, notre part mystique.

En outre, croire (*credere* en latin), c'est tenir pour vrai, faire confiance... Finalement, croire, c'est se fier à quelque chose, à quelqu'un. Voilà qui laisse la porte grande ouverte à la manipulation, puisque vous acceptez le principe de vous faire manipuler, dès lors que vous êtes prêt (même inconsciemment) à « croire »...

La manipulation mentale par les sectes

Sous l'autorité directe du Premier ministre, la Miviludes[1] analyse, observe et informe depuis de nombreuses années sur les dangers liés aux sectes et à leurs dérives. Elle pose la définition de la dérive sectaire et propose, sur son site Internet[2], des indices permettant de la repérer :

« Il s'agit d'un dévoiement de la liberté de pensée, d'opinion ou de religion qui porte atteinte à l'ordre public, aux lois ou aux règlements, aux droits fondamentaux, à la sécurité ou à l'intégrité des personnes. Elle se caractérise par la mise en œuvre, par un groupe organisé ou par un individu isolé, quelle que soit sa nature ou son activité, de pressions ou de techniques ayant pour but de créer, de maintenir ou d'exploiter chez une personne un état de sujétion psychologique ou physique, la privant d'une partie de son libre arbitre, avec des conséquences dommageables pour cette personne, son entourage ou pour la société. »

Des travaux réalisés par plusieurs commissions d'enquête parlementaires ont permis d'établir une

1. Mission interministérielle de vigilance et de lutte contre les dérives sectaires.

2. Le site gouvernemental www.derives-sectes.gouv.fr indique comment déceler l'influence sectaire dans les divers domaines de la vie de tous les jours et apporte une multitude d'informations précieuses sur le sujet.

série d'indices caractéristiques des dérives sectaires qui peuvent servir de signaux d'alerte :

– la déstabilisation mentale[1]

– le caractère exorbitant des exigences financières

– la rupture avec l'environnement d'origine

– l'existence d'atteintes à l'intégrité physique

– l'embrigadement des enfants

– le discours antisocial

– les troubles à l'ordre public

– l'importance des démêlés judiciaires

– l'éventuel détournement des circuits économiques traditionnels

– les tentatives d'infiltration des pouvoirs publics.

Les techniques de manipulation sectaires

Les sectes sont passées maîtresses en manipulation, puisque c'est l'essence même de leur projet : dominer les âmes, supprimer toute individualisation et asservir le maximum de disciples au sein de groupes ou de communautés autonomes.

La première approche manipulatoire est celle de la séduction, par le biais, souvent, de thèmes suscitant la curiosité : médecines parallèles, ésotérisme, activités écologiques, culturelles ou néo-éducatives, stages de développement personnel, etc.

---

1. Sur l'ensemble de ces critères retenus par la Miviludes, celui de la déstabilisation mentale est le plus caractéristique de l'emprise sectaire.

Une fois les adeptes potentiels détectés, en fonction de leurs faiblesses, de leurs attentes sociales ou de leurs carences affectives, la secte va se positionner en « cocon protecteur ». On rassure l'adepte sur l'ensemble de ses attentes, on lui donne l'espoir de guérir ou de résoudre ses problèmes, de se faire de nouveaux amis, de comprendre de grandes énigmes de l'univers ou de la vie sur terre, d'agir pour une « grande cause » humanitaire, ou d'être l'un des élus qui survivront à l'apocalypse imminente...

Les membres renarcissisent le nouvel adepte, flattent son *ego* et son besoin d'estime, mettent en avant ses supposées aptitudes. Il est couvert d'attention et d'amour (c'est la technique du *love bombing*) et intègre une nouvelle famille autosuffisante.

La secte renforce son sentiment d'être privilégié en le faisant entrer dans une vie strictement codifiée, exigeante (le prix à payer pour faire partie de l'élite), avec des connaissances secrètes pseudo-scientifiques, des allégations extraordinaires, des prophéties, un vocabulaire mystérieux et des mantras d'initiés. C'est la phase d'ancrage des « vérités révélées », des théories du complot, des fausses preuves sur fond de pure rhétorique manipulatoire.

Un monde parallèle se crée progressivement, qui l'enferme dans une forme de rejet du monde extérieur à la secte. L'isolement se poursuit avec la rupture familiale et amicale (déracinement). Le gourou devient le guide, vénéré et tutélaire, totémique. La vie d'avant est un poison qu'il faut fuir. La nouvelle vie suffit à combler toutes les attentes et l'adepte y évolue en aveugle.

Peu à peu, tous les artifices vont se justifier pour défendre la cause : abandon de ses biens, mensonges, désinformation, vol ou détournement de fonds, infiltrations, intimidations, menaces ou chantage, voire meurtres ou suicides collectifs… Les privations (de sommeil, de nourriture, de sexualité) sont des accélérateurs physiologiques qui potentialisent la fatigue et créent des états de régression et des réponses organico-morphiniques utiles au processus d'endoctrinement par état second.

Le but : l'aliénation et la culpabilisation (l'adepte ne fait jamais assez d'efforts pour mériter le privilège d'être « élu »). Des confessions publiques sont organisées pour collectiviser l'intimité des adeptes et la supprimer, ainsi que pour générer des effets de groupe autostimulants. Au final, tout le monde se met à surveiller tout le monde, dans une paranoïa mutuelle dévorante, qui supprimera progressivement le libre arbitre, accroîtra la dépendance et les peurs, et inventera toujours plus d'ennemis et de complots extérieurs.

L'endoctrinement sectaire est donc bien un processus de manipulation basé sur de la méthodologie comportementale. Les gourous ont tous les mêmes profils, soit illuminés, soit charismatiques, avec des *ego* surdimensionnés et des failles psychologiques béantes.

7

Les biais cognitifs

Les biais cognitifs renvoient à la notion de « déviation » du jugement par rapport à la réalité. Objets de nombreux travaux en psychologie cognitive et sociale, ils affectent de multiples domaines comme la perception, l'évaluation d'une situation, les relations sociales, la prise de décision, les logiques de causalité, le jugement ou la compréhension statistique. Ces biais cognitifs ne sont généralement pas conscients et constituent parfois des travers de l'expertise ou de la logique. Certains d'entre eux sont, en revanche, particulièrement manipulatoires pour qui sait s'en servir…

L'effet de primauté (*short term-store effect*)

« On n'a pas deux fois l'occasion de faire une bonne première impression. »

Difficile de changer d'avis quand on s'est fait une première impression d'une situation ou d'une personne ! Une perception sélective des informations s'opère alors afin de privilégier celles qui vont dans le sens de l'impression de départ. Une intuition négative produit exactement le même phénomène. Clyde Miller[1] a mené à ce sujet des travaux sur la psychoséduction infantile mise en place par des enseignes telles que McDonald's ou Ikea en intégrant dans leurs magasins des jeux pour enfants. Ceux-ci ancreraient la notion de plaisir chez le « futur adulte-consommateur » qu'ils trouvent ainsi le moyen de fidéliser grâce à la mémoire émotionnelle des souvenirs de jeunesse.

L'effet Pygmalion

L'effet Pygmalion (ou effet de Rosenthal & Jacobson) est une sorte de prophétie autoréalisatrice qui améliore les performances d'une personne, en fonction du degré de confiance qu'on lui octroie ou des chances de réussite qu'on lui prête. En pensant qu'une personne possède une caractéristique ou une compétence, nous changeons notre propre attitude vis-à-vis d'elle et l'influençons au point qu'elle va effectivement acquérir cette caractéristique ou cette compétence.

Cet effet a été mis en évidence par Robert Rosenthal en confiant à deux groupes d'étudiants vingt rats aux-

1. « Consommateurs sous influence : l'irrésistible perversion du besoin », Frank Mazoyer, *Le Monde diplomatique*, décembre 2000.

quels ils devaient faire traverser un parcours difficile dans un labyrinthe. Rosenthal annonce au premier groupe d'étudiants qu'ils ont des rats aux « capacités hors norme », et aux dix autres étudiants que leurs rats ont de « très médiocres capacités intellectuelles ». En réalité, la répartition des rats est effectuée tout à fait au hasard. Le premier groupe d'étudiants obtient des résultats positifs dans l'agilité et l'intelligence situationnelle de ses rats. Rosenthal s'aperçoit alors que les étudiants de ce groupe ont développé à l'égard de leurs rats prétendument doués des marques de sympathie, de prévention, d'affection individualisée, lesquelles ont dopé les capacités des animaux. L'autre groupe n'a pas apporté d'attention ni d'affection particulière et n'a pas obtenu d'efficacité comportementale.

Rosenthal a testé ensuite ce principe dans une école, où il a fait passer de faux tests de QI aux enfants. Biaisant les résultats, il a soumis des réponses « orientées » aux enseignants : les élèves identifiés à « fort QI » ont amélioré réellement leurs résultats et leur QI général, leurs professeurs attendant plus d'eux et leur accordant plus d'attention bienveillante.

L'effet de récence

L'effet de récence désigne la facilité à rappeler les derniers éléments d'une liste de stimuli que l'on doit mémoriser, ou l'impact que certains mots, positionnés en fin de discours, peuvent avoir sur les esprits.

Ce sont les travaux de Postman & Phillips (1965) et de Glanzer & Cunitz (1966) qui ont mis en évidence ce phénomène d'influence. Les négociateurs du RAID, confrontés à un forcené ou à un preneur d'otage, tout comme les avocats lors de la conclusion de leurs plaidoiries, utilisent ce principe pour marquer les esprits, en plaçant en fin d'intervention certains mots d'ancrage majeurs. C'est également une figure de style cinématographique, le fameux « dernier mot avant de partir… », que l'on retrouve dans de nombreuses séries.

L'effet d'annonce

C'est une méthode pour faire accepter une information dérangeante ou une décision impopulaire, que l'on justifie comme « douloureuse mais nécessaire » et que l'on présente bien en amont de sa mise en place. L'effet d'annonce permet d'émousser les émotions saillantes et de ventiler, en amont de l'événement, tout ce qui est colère, sentiment de révolte, manifestations d'angoisse ou d'inquiétude, choc de la surprise, désarroi…

C'est aussi un moyen d'obtenir l'accord d'un public donné, au moment présent, pour une application qui sera mise en œuvre dans le futur, la rendant ainsi plus facile à accepter. « On verra en temps et en heure » ou « qui vivra verra » : l'effort à consentir n'est pas à fournir immédiatement, laissant un espoir naïf que tout s'arrangera. Cela laisse le temps au public de s'habituer à l'idée et d'accepter la future situation. L'effet escompté est donc la résignation.

Le biais de cadrage

Ce phénomène, illustré par une facétie de Mark Twain : « Le lit est l'endroit le plus dangereux du monde : quatre-vingt-dix-neuf pour cent des gens y meurent », désigne l'influence que peut avoir la formulation d'une question ou d'un problème sur la réponse qui y est apportée.

Il a été démontré par Daniel Kahneman (1981), psychologue et économiste, Prix Nobel d'économie en 2002, qui demanda à deux groupes de personnes de se prononcer sur la décision à prendre lors d'une hypothétique maladie pouvant causer la mort de six cents personnes.

Dans un premier groupe test, les sujets ont le choix entre deux solutions : l'option A permet de sauver 200 personnes, et l'option B a 33 % de chances de sauver 600 personnes, mais risque, dans 66 % des cas, de ne sauver personne. Si l'on fait un rapide calcul de probabilités, on se rend compte que le nombre de survivants attendus est le même dans les deux cas, soit 200 personnes. Pourtant, en raison du « risque manifeste de ne sauver personne », 72 % des sujets choisissent l'option A.

Dans le second groupe test, la formulation est modifiée de la manière suivante : l'option A va provoquer la mort de 400 personnes, et l'option B a 33 % de chances que personne ne meure et 66 % de risque que tout le monde meure ; 78 % des sujets choisissent alors l'option B. Les probabilités de survie ont beau être rigoureusement, statistiquement, les mêmes, c'est bien la formulation de la question qui influence la réponse. C'est ce que l'on appelle le « biais de cadrage ».

La manière de résoudre le problème dépend de la manière de le poser. Les manipulateurs ne s'y trompent pas : ils se jouent admirablement de ce processus pour user de leur influence. Certains mots servent d'ailleurs de « catalyseurs inductifs », puisque c'est leur emploi même qui génère le processus d'adhésion ou de répulsion. Survivre, chance, risque, mourir, gagner, perdre... à eux seuls, ces mots stimulent certaines prises de décision que l'on pensait intuitives.

Le biais de négativité

« Je n'ai pas vraiment peur de mourir, mais je préfère ne pas être là quand ça arrivera » (Woody Allen).

On est davantage marqué par les expériences négatives que par les positives. D'où les préjugés, stéréotypes et autres superstitions qui rythment notre quotidien. Les informations qui nous sont désagréables frappent notre attention et sont mémorisées plus facilement par notre cerveau, car elles sont associées à un risque éventuel. Or, notre cerveau fait tout son possible pour nous aider à réagir face au danger, d'où son hypersensibilité à tout ce qui est négatif. De même, il va être plus sensible à ce qui constitue des différences plutôt qu'aux points communs.

À l'inverse, nous avons tendance à oublier toutes les fois où des choses se sont bien déroulées et à ne retenir que les épreuves rencontrées. De nombreuses études ont été menées sur la « surreprésentation des avis négatifs » sur les sites Internet. Le constat est significatif : un client mécontent donne son avis dans près de 70 % des cas, contre 10 % pour un client satisfait. On prend le temps de s'insurger et de contester, on en prend beaucoup moins lorsqu'il s'agit de féliciter.

Le biais de négativité, c'est avoir l'impression que le feu passe systématiquement au rouge quand on arrive à sa hauteur (alors que la durée du feu est rigoureusement la même au rouge et au vert), c'est croire en une malchance ou en une malédiction irrationnelle. Se crée alors une règle pseudo-logique que l'on va chercher à valider par toutes les situations en se disant : « Ce n'est pas possible, je suis maudit. »

En matière de manipulation, celui qui surfe sur la négativité bénéficie toujours d'un *a priori* favorable qui le place en position de « lanceur d'alerte », jusqu'à ce qu'il devienne un obstacle au changement et à l'évolution. Nous pourrions retenir l'adage suivant comme mécanisme d'influence : « Râlez, vous aurez toujours des adeptes ! »

L'effet rebond

Cet effet rebond (ou effet ironique) a été décrit et mis en évidence par le psychosociologue américain Daniel Wegner, en 1994, dans un article intitulé *Ironic process theory* : plus on essaie de ne pas penser à quelque chose, plus on y pense, dans un phénomène quasi obsessionnel de renforcement, focalisé sur l'objet refoulé. C'est la même chose pour les pensées dérangeantes, pénibles et perturbantes que nous tentons d'oublier.

Il existe de multiples stratégies de diversion pour arrêter de boire, de fumer, de jouer de l'argent, de guérir de ses TOC (troubles obsessionnels compulsifs), mais toutes celles qui sont basées sur le renforcement de la volonté sont aléatoires et obtiennent de mauvais résultats, car l'objectif est trop ambitieux. Elles ne sont valables que pour le dépassement d'émotions mineures ou ponctuelles, mais pas pour des comportements chroniques ou métronomiques. L'effet rebond tient alors au fait qu'un élan (ou une émotion) resté inhibé un certain temps sera toujours plus violent que l'émotion initiale.

L'effet de gel

« On prend toujours le mal, pour éviter le pire » (Alfred de Musset).

L'effet de gel est un principe d'automanipulation qui induit un phénomène de rationalisation des décisions prises, à condition qu'elles soient librement consenties. Une fois la décision prise, ne jamais la remettre en cause, même si le résultat n'est pas satisfaisant. Mieux que ça : tout est mis en œuvre pour légitimer la prise de décision initiale, pour justifier le choix. L'objectif n'est plus alors de rationaliser la situation, d'objectiver les éléments, mais uniquement de préserver la décision antérieure librement consentie.

En matière de commerce, cette pratique est un grand classique : on vous propose de participer à un jeu gratuit pour gagner un voyage, et juste avant le carré final des gagnants potentiels, on vous demande d'acheter un bien ou une prestation. Vous cédez… et on vous apprend que le voyage n'est plus au programme mais que vous avez gagné « un superbe service de table ». Vous n'avez plus qu'à vous convaincre que c'est *malgré tout un beau cadeau, quand même.* Vous avez été harponné.

En matière de manipulation, l'effet de gel est l'un des plus puissants mécanismes d'influence, car il joue sur la résignation « assumée » et la mise en cohérence entre choix initial et intelligence décisionnelle. Nul ne veut reconnaître qu'il s'est fait duper, se confortant dans l'idée que le bénéfice obtenu, bien que fort loin de l'attente initiale, reste malgré tout un « bénéfice ». C'est un processus renarcissisant.

L'effet de gel se retrouve aussi dans l'impossibilité de prendre une décision contraire à ses choix initiaux, dès lors que la situation devient stressante et complexe et même si l'on est parfaitement conscient de son erreur. L'esprit cherche toujours des solutions de facilité et c'est souvent la résignation lâche et la rationalisation abusive qui l'emportent sur l'objectivité.

8

Les phénomènes de paliers d'adhésion (techniques d'échelles)

La manipulation nécessite souvent une phase d'amorçage ou une utilisation subtile du temps pour endormir les résistances et créer les conditions de l'influence. On dit alors qu'il s'agit de « techniques d'échelles » parce que le manipulateur fait franchir des « barreaux » à sa victime, qui l'incitent à céder étape par étape (*step by step*) selon un processus d'engrenage ou par nécessité de congruence.

Manipulation procédurale : la technique du pied dans la porte

Voici une expérience qui fut réalisée aux États-Unis[1] : un passant demande à une personne qu'il croise de le dépanner d'une *dime* (50 cents,

1. La « dîme de Harris », 1972.

soit une petite somme d'argent) pour téléphoner. Seule une personne sur dix donne de l'argent. Le même passant change d'approche et demande l'heure à d'autres personnes avant de leur réclamer une *dime* pour téléphoner. Ce sont alors quatre personnes sur dix qui donnent de l'argent. C'est la phrase d'approche qui fait la différence, une demande gratuite qui se solde par une action positive.

C'est ce que l'on appelle la théorie du pied dans la porte (*foot-in-the-door* en anglais) ou du doigt dans l'engrenage, un phénomène d'amorçage par un premier pas. C'est le principe de l'engagement, que Freedman et Frazer ont également mis en évidence en contactant une centaine de personnes par téléphone pour leur demander si elles acceptaient qu'on vienne chez elles faire un inventaire de leurs biens (une demande intrusive et indiscrète). Certaines d'entre elles avaient été contactées quelques jours avant pour répondre à un questionnaire totalement anodin. Les personnes qui avaient répondu au premier questionnaire ont été beaucoup plus nombreuses à accepter cette demande que celles qui n'avaient pas été contactées.

C'est le même mécanisme quand on place une petite croix rouge sur votre pare-brise avant de vous demander un don, ou qu'on vous fait signer une pétition pour les bébés phoques avant de vous demander d'adhérer à l'association Greenpeace…

Trois principes pour vous aider à contrer la manipulation procédurale

• **Gardez en tête qu'un premier pas n'est jamais un engagement**. Si vous en avez le courage, verbalisez le refus spontanément, en refusant la demande coûteuse de votre interlocuteur et en l'assortissant d'un sourire poli. Nul besoin de trouver des excuses alambiquées ou des scénarios biscornus dans lesquels vous risquez de vous empêtrer. Restez minimaliste et courtois mais ferme. **« Non » est la réponse la plus simple**. Encore faut-il savoir dire « non »… L'affirmation de votre volonté vous rassurera sur votre capacité à gérer vos relations et vos intérêts. Ce sera également une manière de respecter votre volonté profonde. Vous éviterez ainsi la contradiction cognitive entre « ce que je veux profondément » et « ce que je fais par convenance ». Ce sera une petite victoire sur vous-même. Votre *ego* n'en souffrira que le temps d'une courte culpabilité de circonstance.

Faites l'expérience de dire « non » à quelque chose que vous pressentez comme néfaste pour vous. Est-ce que le monde vous tourne le dos ou est-ce qu'il ne se passe rien ? Vous vous sentez soulagé ? Si c'est le cas, bravo, vous venez d'obtenir une victoire sur vous-même.

• **N'allez pas contre votre intuition première** et dites : « Ce n'est pas le moment de me demander quelque chose » ou : « Je n'ai pas envie et je n'ai pas à me justifier ! »

• **Si vous le pouvez, différez le moment de donner votre réponse**. Lorsque vous sentez que l'on vous force la main, pensez au vieil adage « la nuit porte conseil » et prenez le temps de vous décider. Si les indices suspects de la veille deviennent alors flagrants, refusez la demande gentiment. Et tant pis si les gens ne comprennent pas votre choix.

• **C'est parfois intéressant de renverser l'équation** en disant : « Tu serais à ma place, tu ne le ferais pas ! » Même si la personne s'en défend ou regimbe, elle prend ainsi conscience de ce qu'elle demande (effet de changement de camp) et cela suffit souvent à la faire taire.

Manipulation par inflation d'exigence et de culpabilité

Ce mécanisme de « la porte dans la face ou dans le nez » est une variante inversée de la technique du pied dans la porte. Elle consiste à faire précéder une demande de comportement peu coûteuse par une demande beaucoup plus coûteuse, quitte à ce qu'elle soit même fantaisiste. C'est une manipulation fréquente dans les rapports pseudo-amicaux que l'on peut illustrer ainsi :

Pierre demande à Paul : « Tu me prêtes ta voiture une semaine ? »

Paul répond : « Non, j'en ai besoin à partir de demain. »

Pierre rétorque : « Bon, alors tu me la prêtes juste pour aujourd'hui ? »

Paul ne peut plus se soustraire à la demande, sauf à passer pour un égoïste sans cœur. Il est pris alors entre culpabilité et contrariété, mais c'est la cohésion avec son image sociale qui va toujours l'emporter et induire un abandon au profit de Pierre.

Le sentiment de culpabilité fonctionne d'autant mieux que la personne à manipuler se sent proche du locuteur et en conséquence ne veut pas lui faire de peine ou remettre en question leur amitié. Les enfants savent très bien utiliser ce processus « en cascade » pour imposer leurs exigences : « Tu m'inscris à la conduite accompagnée ? Bon, puisque tu ne veux pas, tu m'achètes un scooter ? »

Conditions d'efficacité de la porte dans la face

La première requête doit être exorbitante, beaucoup plus coûteuse que la seconde (mais ni incongrue ou déplacée, ni ridicule ou grotesque). Une seule et même personne procédera aux deux requêtes successives, et les deux requêtes doivent avoir une certaine similitude, une cohérence entre elles. L'intervalle de temps entre les deux requêtes doit être le plus bref possible, le face-à-face entre les interlocuteurs doit être préféré à l'utilisation du téléphone (l'effet est utilisable par courrier électronique, en messagerie instantanée). Enfin, la requête sera plus légitime si elle s'inscrit dans le registre d'une noble cause (aider les indigents, sauver les bébés phoques, etc.).

Comment contrer la manipulation par inflation d'exigence et de culpabilité

• **Gardez en tête que vous n'avez pas à accepter ce qui ne vous convient pas**, que ce soit une petite concession ou une grosse.

Si vous sentez que l'on vous force la main, acceptez le fait d'être « contrarié » mais **montrez clairement votre agacement**. L'intensité de votre contrariété affichée servira de curseur au « profiteur » pour mesurer le degré d'échec de sa tentative. Au pire, il sera confus ou vexé de votre refus, mais l'essentiel aura été préservé : que vous **soyez en harmonie entre vos désirs et vos actions**.

• **Demandez-vous ce qui est le plus difficile** : vous sentir coupable (d'avoir dit « non ») ou énervé/vexé (de vous être fait avoir) ? Quelle est l'émotion négative la plus durable ? Et agissez en conséquence afin de ne plus subir, car **trop de gentillesse devient souvent une faiblesse**.

• Il est possible de reprendre de la distance avec votre interlocuteur, de lui **montrer physiquement votre désaccord** : posture et visage fermés, marques d'agacement, soufflement, tête tournée, bras croisés, recul du buste… Autant de **messages non verbaux** qui signifient à eux seuls votre désaccord.

• **Mais n'espérez pas que votre « manipulateur » se contente de battre en retraite** une fois observée votre désapprobation. Une phrase de Michel Audiard illustre cette triste fatalité : « Les cons, ça ose tout, c'est même à ça qu'on les reconnaît. »

La théorie des dominos ou effet papillon

Cette technique consiste à faire croire à un interlocuteur que tout est entremêlé, imbriqué, et que mener une action nouvelle risque d'avoir des conséquences désastreuses, non prévues, sur d'autres secteurs.

C'est la théorie de l'équilibre précaire, favorite des immobilistes, des attentistes et des frileux, et qui leur permet de maintenir en *statu quo* toute situation, notamment parce qu'ils y trouvent leur compte ou leurs intérêts. Avec eux, pas de surprise, pas de créativité. Chaque chose à sa place et que rien ne bouge !

Ainsi, les personnes spontanément attentistes, matérialistes ou peureuses sont sujettes à d'importantes manipulations de la part des prêcheurs de la théorie des dominos ou de l'effet papillon. Ces derniers provoquent angoisse et résignation chez ceux qui sont naturellement enclins à s'enfermer dans leurs habitudes et leur sentiment de sécurité : un seul battement d'aile en Amazonie pourrait générer une tempête au Japon, par effets multiplicateurs ou circonstanciels. D'où la nécessité d'être extrêmement prudent dans ses décisions et ses actions, car leurs effets collatéraux sont insoupçonnables et potentiellement désastreux…

Comment résister à la théorie des dominos

- Il convient avant tout de **rester terre à terre et factuel** et de s'affranchir de ce poison qu'est la peur de l'inconnu.
- **Rappelez-vous que nous sommes en grande partie responsables de l'évolution de notre écosystème et des événements de notre vie**, libres de la majorité de nos choix et conscients des conséquences de nos décisions. Vouloir attribuer un pouvoir (exceptionnel) à un quelconque génie vengeur qui punirait nos actes et décisions du quotidien n'est qu'une posture de croyance qui relève de l'irrationnel.
- **Inutile de dépenser de l'énergie** face à quelqu'un qui défend l'effet papillon puisque, de toute façon, on peut tout extrapoler, voir des mécanismes malicieux dans chacun des événements du quotidien. Vous ne pourrez rien prouver… ou si peu.

• **Tentez de mettre un peu d'objectivité dans les discours et les superstitions** des adeptes des théories du complot : Quel est l'intérêt caché, l'objectif inavouable, la chausse-trappe en gestation ? Qu'est-ce qui les séduit tant dans l'immobilisme qu'ils conseillent ou dans le renforcement de la peur qu'ils insufflent ?

La technique de non-retour

« Vous n'avez pas le choix, c'est signé ! »

Le manipulateur va influencer son interlocuteur pour qu'il s'engage dans une voie sans retour en arrière possible. Par exemple en l'incitant à faire une déclaration publique, à prendre position sur un sujet scabreux ou polémique, ou à dénoncer un fait afin de rester en cohérence avec ses principes moraux, le privant de tout autre alternative.

C'est cette technique qu'a utilisée le conquistador espagnol Hernán Cortés lors de la conquête du Nouveau Monde, en 1519, à Veracruz : il brûla ses navires afin de provoquer une expédition terrestre visant à s'emparer des trésors de l'empereur aztèque Moctezuma. Objectif de la manipulation : pousser ses marins à « conquérir ou périr », sans possibilité de retour.

C'est également ce processus d'influence que l'on retrouve dans les techniques de guérilla des groupes terroristes. Dans les années 1970, le mouvement séparatiste ETA était réputé pour ses « actions de non-retour », s'assurant de l'engagement plein et sincère de ses nouvelles recrues. En forçant les postulants à commettre un homicide volontaire, les leaders les impliquaient directement et s'offraient ainsi un excellent moyen d'exercer sur eux un chantage. Le meurtre a souvent été le ciment sordide des communautés transgressives.

Comment contrer la technique de non-retour

• **Faites confiance à votre intuition**. Ne vous pliez jamais à des injonctions moralisatrices ou à des pressions qui pourraient vous pousser à commettre des actes ou à dire des paroles que vous pourriez amèrement regretter ensuite. Contrairement à ce que l'on pense parfois, **nous avons toujours le choix !** Ce n'est pas une question de contexte, ni d'environnement, ni de circonstances. L'avenir se construit sur nos choix (libres… ou non).

• **Osez dire « non » !** C'est pour beaucoup un exercice difficile, contraire à l'éducation et aux codes moraux et sociaux qui nous ont appris, depuis notre plus jeune âge, à faire ce que nous demandent ceux qui détiennent l'autorité ou le pouvoir.

• **Aménagez-vous des portes de sortie crédibles pour différer l'action**. N'oubliez jamais que « la nuit porte conseil » et qu'en vous tenant éloigné du manipulateur-influenceur vous pouvez retrouver votre libre arbitre. N'hésitez pas à demander l'avis d'un proche bienveillant pour vous aider dans vos prises de décision.

• **Enfin, dites clairement que vous n'êtes pas dupe** : le manipulateur se mystifie souvent lui-même en pensant que personne ne voit son manège.

La crainte de pénurie

Le client d'un magasin de hi-fi : « Il me faut rapidement un décodeur TNT, car avec le passage à la haute définition je ne recevrai bientôt plus la télévision chez moi. Vous faites d'ailleurs une promotion sur un modèle pas très cher et intéressant… »

Le commerçant : « Je n'en ai déjà plus ! »

Le client : « C'est impossible, j'en ai absolument besoin ! »

Le commerçant : « Je peux vous proposer un autre modèle, mais de qualité supérieure… Bien sûr, ce n'est pas le même prix ! »

Ce levier manipulatoire fonctionne toujours, quelles que soient les circonstances. Il est basé sur une combinaison de deux ressorts puissants et complémentaires : la peur et le soulagement.

La peur de manquer est une forte source d'inquiétude qui nous renvoie à des angoisses de survie et de privation, archaïques et souvent irrationnelles. Ce sont de forts vecteurs d'angoisse qui nous poussent à thésauriser, à accumuler, de façon quasi boulimique, des biens et des richesses.

Le soulagement qui suit l'acquisition du bien convoité, ou le stockage « préventif » d'un bien, est source d'apaisement. Cela nous rassure « d'avoir », alors que l'on devrait se poser plutôt la question de savoir s'il était « vraiment utile d'acquérir » ? Certains achats compulsifs correspondent exactement à ce processus de réassurance.

Pour contrer la pénurie, jouez la carte de la concurrence et de l'investigation

• Grâce à la concurrence, celui qui propose un bien n'est jamais le seul à en disposer. Rares sont, aujourd'hui, les produits réellement uniques. Tout se ressemble, se copie, se fabrique sous plusieurs marques ou conditionnements. **Intéressez-vous donc à ce que proposent les concurrents**.

• Internet est la première plate-forme de vente mondiale et ce n'est pas pour rien, car elle combat prioritairement cette notion de pénurie. **Investiguez, vérifiez vous-même les informations** et cherchez des solutions alternatives.

Si un bien n'est plus disponible immédiatement, **soyez raisonnable et attendez** que celui-ci soit à nouveau sur le marché. **La seule chose à réguler, c'est votre impatience.**

• **Enfin, n'hésitez pas à remettre en question la réelle nécessité** d'acquisition du bien convoité : en avez-vous réellement besoin ? Est-il si indispensable ? Cela peut être une bonne occasion d'objectiver votre besoin.

Le « pinaillage » ou succession de points de détail

Le manipulateur-pinailleur a deux objectifs dans sa démarche :

– faire perdre patience à son interlocuteur pour le pousser à jeter l'éponge ;

– épuiser celui-ci en l'obligeant à détailler chaque point discuté ou en l'amenant à justifier systématiquement les contestations éventuelles.

Le manipulateur se plaint de ne pas bien comprendre ce qui est dit, il faut lui réexpliquer, tout lui détailler. Il multiplie alors les objections, les points de détail, créant de nombreuses polémiques. Ce sont d'ailleurs ces polémiques qui forment le terreau de sa stratégie. Il le fait cependant subtilement, puisqu'il ne s'agit nullement de s'opposer violemment, ni de créer des conflits ouverts. Le pinailleur travaille dans le semi-mielleux, s'excuse souvent de demander des précisions, présente des objections polies, afin que la cible ne prenne pas conscience de son manège et, surtout, ne rompe pas la relation.

Le pinailleur n'est jamais satisfait, ou plutôt, jamais totalement satisfait, ce qui permet de masquer sa mauvaise foi. Et comme il reste poli et courtois, par effet miroir, nous nous sentons obligés de rester patients et respectueux. Sauf qu'il arrive un moment où nous nous épuisons de ce petit jeu, et c'est là toute l'action de sape du pinailleur. Nous préférons souvent jeter l'éponge et nous résigner, acceptant bien plus que ce que nous avions prévu au départ. Ou alors, nous nous emportons, laissant déborder nos émotions et nous mettant ainsi en faute…

Comment lutter contre le pinailleur

• **Interrogez-vous sur l'intention réelle d'une personne qui n'est jamais d'accord sur rien**, qui pinaille sans cesse sur tout. Il peut s'agir d'une stratégie d'usure : si la personne ne se détermine pas, c'est sûrement qu'elle n'est pas intéressée. Vous n'avez alors rien à perdre à vous résigner. Ne perdez pas trop d'énergie dans ce type de cas.

• **Tout en restant d'une politesse pragmatique, n'hésitez pas à vous montrer catégorique** : « J'ai donné toutes les explications, je n'ai rien de plus à ajouter. » Et astreignez-vous à ne plus répondre ni surenchérir sur les objections susceptibles de se poursuivre.

• **Dans le cadre de vos réunions, présentations ou débats, ayez toujours un ordre du jour précis** afin de contraindre les participants à poursuivre sur les points à traiter. **Ne répondez pas immédiatement aux polémiques** qui sont lancées, différez les objections susceptibles de faire perdre trop de temps afin de les traiter ultérieurement.

Cela relève d'une autre technique manipulatoire, le fait provisoire : « Pour l'instant, on fait comme ça, et nous reviendrons ultérieurement sur le point litigieux. »

Les dissonances sur l'échelle des grandeurs

L'interlocuteur semble vouloir entrer dans des débats de techniciens, s'attarder sur des points de détail, alors même que nous souhaitons donner plus de hauteur aux échanges. À l'inverse, quand nous sollicitons des précisions, notre interlocuteur tourne alors en boucle sur des banalités, des truismes, des évidences ou des généralisations.

Nous ne sommes manifestement pas dans les mêmes échelles de grandeur, et cela perturbe le débat.

Le manipulateur prend systématiquement le contrepied de notre posture, ce qui est extrêmement perturbant même si ce n'est pas toujours clairement visible. Notre éducation devient alors notre principal ennemi, car nous tentons de nous justifier, essayant de convaincre l'autre.

Mais à ce petit jeu c'est souvent le manipulateur qui gagne en réussissant à nous épuiser en justifications…

Quelques solutions pour inverser l'échelle des grandeurs

• **Restez axé dans votre logique**, tout en montrant de l'intérêt pour la posture de l'interlocuteur. Sans rentrer en opposition avec lui, persévérez dans vos idées.

• Plus votre interlocuteur se perdra dans des détails pointilleux, **plus vous prendrez le contre-pied** en généralisant ou en systématisant. À l'inverse, plus il restera superficiel et généraliste, plus vous lui demanderez de préciser les détails de son plan ou de sa pensée. C'est donc **à vous d'inverser l'échelle des grandeurs**, afin de perturber l'importun, par le jeu de questions successives qui vont servir de paravent à votre contre-manipulation.

La solution provisoire

Dans une situation bloquée, où rien ne semble pouvoir changer, certains manipulateurs jouent la carte de la « solution provisoire », qui consiste à proposer à l'interlocuteur de faire temporairement ce qui lui est demandé, avant de voir comment changer les choses, au cours d'une négociation prochaine, où tout sera remis à plat. En réalité, une fois la solution mise en place, une jurisprudence est créée de fait et il sera très difficile, ultérieurement, de la modifier. Ce qui est acquis est acquis. Et nous le savons bien : le provisoire dure, l'usage s'impose avec le temps. Il est donc quasi sûr que si nous cédons « sans réserve », nous perdrons !

Comment contrer la solution provisoire

• Si vous n'avez pas d'autre choix que d'accepter la solution adverse, prétendument provisoire, **imposez un délai court avant les nouvelles négociations**, ou une **obligation contractuelle qui limitera l'usage de ce « provisoire »**. C'est vous qui êtes en position de force en acceptant le *deal*, donc profitez-en sans compromis !

• **Si c'est encore possible, restez ferme et refusez le provisoire**. C'est un sujet de rupture, puisque vous exaspérez le manipulateur, mais c'est **le seul moyen de ne pas tomber dans le piège du « fait acquis »**.

Le fait accompli

Par cette technique, le manipulateur place son interlocuteur dans l'impossibilité de faire machine arrière, en introduisant un élément de dernière minute, en décidant unilatéralement, ou en passant par une voie détournée (un tiers, une autorité, etc.) pour arriver à ses fins. Il joue sur la « théorie de l'engagement », qui veut que, si la victime accepte le fait accompli immédiatement, elle n'osera plus jamais se dresser contre la décision inique qui lui a été imposée, même si elle ressasse sans cesse sa colère.

Cette méthode s'apparente également à celle du *waterfall*, qui est la multiplication des échelons décisionnels à passer afin de valider une action-décision. Chaque échelon apporte une modification aux modalités, jusqu'à dénaturer, au final, le principe négocié ou discuté initialement. Sans en avoir conscience, puisqu'il ne voit que son périmètre restreint de décision, chacun perturbe l'action. Au final, la victime subit cette cascade de modifications sans pouvoir se désengager de l'action ou du projet au risque de se voir discréditée par la hiérarchie ou les autorités. Elle se résout alors au fait accompli.

Un manager manipulateur peut créer une situation de *waterfall* pour dénaturer totalement le projet d'un collaborateur…

Comment se sortir du fait accompli

• **Révoltez-vous !** Le seul moyen de contrer cette méthode est de refuser sans ambages ledit fait accompli. **Il faut s'insurger, se rebeller, affirmer haut et fort qu'il est hors de question d'imposer unilatéralement une décision**. C'est le moment de vous montrer sous votre pire jour : inflexible et colérique. De toute façon, tout le monde autour de vous comprendra la situation et les raisons de votre agacement.

• Si cette situation se produit à l'occasion d'une négociation, **il faut reprendre tout le processus au départ** : « Puisque c'est ainsi, on reprend tout ! » **Refusez la méthode**, pas le résultat, au risque qu'on vous reproche un caprice ou d'avoir fait perdre du temps à tout le monde.

• Si vous subissez un *waterfall*, **vous devez choisir le bon échelon pour faire cesser la frénésie de modifications** : le moins influent ? le moins élevé hiérarchiquement ? le plus gentil ou le plus bienveillant avec vous ? Peu importe, seul compte le fait de stopper cette machine infernale qui torpille votre travail.

La technique du disque rayé

C'est la méthode favorite des enfants ! Elle consiste à revenir sans cesse sur le même sujet ou la même demande, jusqu'à l'épuisement total de l'interlocuteur. C'est une technique d'usure, une manipulation basique, sans grande stratégie, qui fonctionne surtout sur des personnes qui « veulent bien se laisser abuser ».

Les motifs de cette technique peuvent être obsessionnels, purement capricieux ou idéologiques (volonté de convaincre). Il peut également s'agir de tentatives de compensation d'un défaut de compétence ou d'imagination, la personne cherchant alors à obtenir de l'aide et/ou de l'attention.

Comment échapper au disque rayé

Pour espérer contrer un utilisateur de cette technique, il faut d'abord comprendre les raisons de son entêtement. Une fois identifié le profil du manipulateur à qui vous avez affaire, plusieurs stratégies sont permises.

• **Contre l'obsessionnel : soyez indulgent et interrogez-le**. Il trouvera ainsi lui-même d'autres solutions, car le progrès passera par lui.

• **Contre le capricieux : fâchez-vous** en expliquant que cette méthode est contre-productive.

Recadrez-le fermement, car toute faiblesse sera une invitation à reproduire l'opération.

• **Contre l'idéologique : posez des questions** afin de mettre en évidence ses contradictions. L'usure finira ainsi par changer de camp.

• **Face au défaut de compétence ou d'imagination : soyez indulgent**. Votre interlocuteur est en état de stress, il convient de le rassurer sur le motif de son inquiétude, avant même de vouloir lui imposer votre point de vue. Rassurez-le également sur l'existence certaine d'un terrain d'entente.

La technique du « un peu, c'est mieux que rien... »

Cette méthode trouve ses racines dans un vieil adage populaire : « Un tiens vaut mieux que deux tu l'auras. » C'est un principe qui veut que l'on soit rassuré dès que l'on a obtenu une partie de ce que l'on voulait au départ.

C'est une technique souvent utilisée par les manipulateurs agressifs et sans gêne, qui croient ainsi faire un geste de compensation vis-à-vis de leur interlocuteur.

Eh bien, non, un peu, ce n'est pas ce que vous voulez !

• **Vous ne devez pas accepter** comme un moindre mal le fait de devoir vous contenter d'une partie de ce qui doit vous revenir. Plus vous baisserez les bras face à ce genre de profiteurs, plus vous vous ferez marcher sur les pieds.

• **Révoltez-vous et restez ferme sur vos exigences** : pas de compromis face à ces personnes sans gêne.

La technique du « et ce n'est pas tout… »

Cette technique, caractéristique des méthodes commerciales, se présente comme un « inventaire à la Prévert » des avantages (même anodins) accumulés par l'interlocuteur-client. Devant un tel déballage de bénéfices, la victime pense sortir gagnante de la situation : le flot d'éléments présentés comme cadeaux, bonus ou avantages crée une persistance cognitive positive (j'ai gagné !), doublée d'une pensée magique (et si ce flot d'avantages ne s'arrêtait jamais ?).

Les solutions pour contrer cette technique

• **Ne perdez jamais de vue votre but initial, restez rationnel et objectif** et interrogez-vous sur le réel intérêt de ces « cadeaux ». Les bénéfices secondaires ou périphériques compensent-ils votre besoin fondamental ? Sont-ils réellement utiles ? Que vont-ils m'apporter ?

• **Stoppez le flot de pseudo-avantages**, recadrez votre interlocuteur, et rappelez-lui ce que vous attendez vraiment.

Urgence et forcing, usure et attente

La méthode du forcing trouve sa source dans un processus de prise urgente de décision. Lorsque nous

nous croyons prisonniers de cette contrainte, nous sommes prêts à abandonner notre réflexion au profit d'une prise de décision « intuitive et rapide ». Or, c'est dans ce genre de circonstances que nous sommes le plus enclins à nous laisser influencer par de belles « parlotes », à tomber dans le piège du miroir aux alouettes. Tous les vendeurs utilisent cette technique de l'urgence dans la prise de décision : « Il ne reste que deux jours pour bénéficier de la réduction exceptionnelle… » ou : « Cette promotion n'est valable que pendant la durée du salon ; après, ce sera trop tard pour vous… »

Même si nous ne sommes pas tout à fait dupes de cette manipulation, il n'en reste pas moins que l'idée de laisser échapper une aubaine nous taraude toujours et biaise notre réflexion.

L'usure consiste en une utilisation inversée de la notion d'urgence : le client est la victime parce qu'il est pressé, et s'il dévoile cet empressement, ce sera simple de le faire céder. Les négociations réussies sont souvent celles où l'on a tout le temps nécessaire pour avancer étape par étape. Celui qui a compris que nous voulions agir dans l'urgence bénéficie d'un atout déterminant, notamment en jouant la carte de l'usure et de l'attente, en temporisant.

• **Pour contrer l'urgence**, souvenez-vous qu'**une « occasion manquée » vaut mieux qu'une mauvaise négociation** qui vous engagerait dans un *deal* défavorable. Les anciens avaient coutume de dire que « lorsque quelque chose ne se fait pas, c'est qu'il doit y avoir une bonne raison » : **soyez pragmatique** et, surtout, restez vigilant lorsque les circonstances voudraient vous faire agir dans l'urgence.

• **Pour contrer l'usure et le forcing**, si vous avez manifesté votre impatience, vous risquez de vous pénaliser, il est donc indispensable de renverser la vapeur : verbalisez un changement de situation et **faites croire que, finalement, rien ne presse**. Et l'idéal est de vous en convaincre (le temps de la négociation).

Dites-vous que si le *deal* ne se fait pas, c'est qu'il s'agit de la providence, d'un signe du destin : la bonne affaire est certainement la suivante. **Vous supprimez ainsi le levier d'influence de votre interlocuteur** qui risque bien, alors, de rater son coup !

9

Les tiers facilitateurs

Dans un système de manipulation, des « personnes tierces[1] » peuvent avoir une action influente, parfois déterminante. Il est indispensable d'avoir en tête la « carte des acteurs » susceptibles de faire évoluer la situation selon des actions manipulatoires bien connues.

Le chant des hérauts

À l'instar des hérauts, ces officiers porteurs de nouvelles du Moyen Âge, ce principe manipulatoire consiste à faire « chanter vos louanges » par des tiers : la presse, des affidés, des passants bienveillants, les bénéficiaires de vos largesses, etc.

Tout message indirect se révèle, au final, toujours plus efficace que si vous le portiez vous-même,

1. Les Américains appellent TPIs (Third Party Intermediaries) toutes les personnes susceptibles d'avoir une influence sur la relation.

notamment lorsque ce sont les médias qui vantent vos mérites, se transformant en « parole d'Évangile », car tout ce qui est dit par un tiers bénéficie d'un préjugé de plus grande véracité. C'est ce qui fait toute la force de la rumeur, mais c'est aussi ce qui construit les plus belles réputations.

Aujourd'hui, on sait l'importance de soigner sa réputation et de sublimer son « crédit social ». C'est tout l'art du *storytelling*, la réécriture ou l'adaptation de la réalité, afin de la valoriser, de la rendre positive et attractive. Il ne s'agit pas nécessairement d'un acte de manipulation, mais plutôt de l'habillage esthétique et positif d'une histoire, d'une situation.

Cassandre ou le porteur de mauvaise nouvelle

Il s'agit, pour le manipulateur, de divulguer des informations à un tiers qui se chargera de les transmettre à d'autres personnes, prenant ainsi à sa charge le risque lié à la fuite d'information.

Si elle colporte une mauvaise nouvelle, la cassandre sera automatiquement chargée d'un *a priori* négatif dont elle n'aura pas nécessairement concience. Le manipulateur pourra alors se donner le beau rôle en se réservant l'annonce des informations positives qui le feront passer pour l'homme providentiel.

Ne vous laissez pas abuser !

Avant d'annoncer une mauvaise nouvelle, **demandez-vous si c'est vraiment à vous de le faire**. N'hésitez pas à laisser ce mauvais rôle à d'autres, et notamment au manipulateur qui veut s'en décharger.

Le bouc émissaire

C'est celui qui incarne la cause de tous les malheurs, la victime expiatoire que l'on accuse de tous les maux. Les manipulateurs recherchent systématiquement des boucs émissaires, des gens fautifs sur qui faire peser le poids de la culpabilité et de la contrition. L'avantage, pour eux, étant de détourner l'attention, la colère ou la haine sur un coupable désigné afin d'en être eux-mêmes épargnés. « C'est pas moi, c'est lui ! »

Ce phénomène enfle mécaniquement, par contagion et avec la rumeur, avant de décroître naturellement, au bout d'un certain temps, laissant au passage des blessures plus ou moins profondes. Les tiers facilitateurs sont ici l'entourage, l'opinion publique, les collaborateurs, etc.

Désigner un bouc émissaire est un bon moyen manipulatoire de neutraliser quelqu'un : le coupable désigné perd de sa puissance et de ses capacités puisqu'il dépense son énergie à se justifier et à se défendre contre les assauts. La situation va l'affecter psychologiquement, ou émotionnellement, et donc le faire s'enfoncer dans la détresse.

Pour ne pas servir de bouc émissaire

Contrer une telle situation demande beaucoup d'énergie. Il faut commencer par contrôler la communication.

• **Ne laissez jamais se propager des sous-entendus** pouvant laisser croire que vous êtes fautif. **Attaquez directement l'auteur** pour son attitude et sa manipulation, et ne perdez pas de temps à vous justifier sur les accusations.

• **N'hésitez pas à faire savoir que l'on cherche à vous faire passer pour le bouc émissaire**, sans désigner le coupable de cette manipulation : plus les gens le chercheront, plus ils seront persuadés de son machiavélisme.

Diviser pour mieux régner

C'est l'une des plus vieille techniques de manipulation : briser de bonnes relations pour générer de l'acrimonie, de la jalousie, de la défiance, un esprit de revanche… Tous les moyens sont bons pour créer des conditions de conflit : mensonge, duperie, sous-entendus, interprétations, etc. Les individus cohésifs, qui sont solidaires, volontaires, indulgents, pragmatiques et désintéressés sont des fléaux pour les manipulateurs qui n'ont que peu d'emprise sur eux.

Pour contrer ce type de manipulation, un seul mot d'ordre : l'union fait la force

Toutes les occasions doivent donc être saisies pour **renforcer les liens, l'unité et la solidarité**. Pour contrer les divisions, il faut de la justice, de l'équité et des règles.

• **Soignez la communication autour de vous, acceptez les opinions divergentes**, soyez indulgent avec vous-même et avec les autres, car nul n'est parfait et encore moins infaillible.

« Les recherches actuelles, notamment en neurobiologie [...], montrent que nous sommes une espèce empathique et sociale » : la cohésion serait donc le meilleur moteur de notre évolution.

La technique du « tapissage » et de la confrontation

Cette méthode s'inspire des représentations de suspect à témoin réalisées dans les locaux de police sous le nom de « tapissages ». Elle consiste à faire désigner le coupable par la partie qui se présente comme la victime, puis à mettre en confrontation les deux protagonistes, jusqu'à découvrir les tenants et aboutissants véritables de l'affaire.

« De la confrontation naît la vérité », disent les magistrats. La confrontation est donc potentiellement une technique manipulatoire « sur base de tiers » puisqu'elle participe, sous un prétexte qui se veut tout à fait louable (évacuer un différend entre les protagonistes), à faire s'opposer les deux parties, ce qui provoquera des divisions… On retrouve le fameux « diviser pour mieux régner ».

Le manipulateur agit par motivation perverse ou intéressée. Cette technique se complète avec la dramatisation et le sauvetage.

La dramatisation, la technique de la proie et du sauveur, le piège du triangle de Karpman

Le manipulateur utilise un conflit ou une opposition entre deux personnes, les fait s'exaspérer l'une l'autre, demandant à comprendre les tenants et les aboutissants de l'affaire pour pouvoir se positionner en arbitre. Mais, au lieu de se comporter en juge de paix, il dramatise la situation pour ensuite incarner le sauveur auprès de la victime, ou stimuler l'auteur en confortant son agressivité et en l'habillant de pseudo-légitimité. Il devient alors celui qui tantôt attise les braises en sous-main, tantôt sert d'intermédiaire pour permettre de résoudre les difficultés, en prenant alors bien soin de placer la victime en dépendance fonctionnelle ou affective. Il se joue alors de cet entre-deux et de chacune de ses deux victimes.

Le triangle de Karpman (voir figure ci-dessous), ou « triangle dramatique », est issu des théories de l'analyse transactionnelle. Il est souvent alimenté par des rôles « inconscients » entre plusieurs acteurs, qui interagissent entre eux, dans une logique de défense de leurs intérêts ou de résolution d'un conflit : la victime, le bourreau et le sauveur.

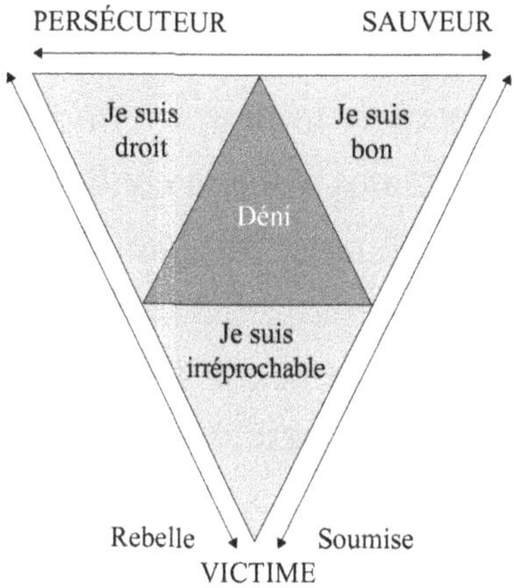

Tout le paradoxe que présente le triangle de Karpman, c'est la dimension inconsciente des rôles que chacun prend dans un conflit, au point de ne pouvoir prendre aucun recul par rapport à ceux-ci. C'est l'hypothèse d'un déni sous-jacent qui frappe tous les acteurs et qui légitime chacun dans son paradoxe.

Celui qui se déclare en situation de sauveur doit, pour conserver ce statut, laisser la victime dans son état de victime, sinon il perd son rôle de sauveur. La victime peut se complaire dans son rôle de victime, ce qui devient pour elle une forme d'identité sociale. C'est alors un processus psychologique d'auto-alimentation des conflits. Le persécuteur, quant à lui, légitime son action en prétendant être dans son bon droit. En situation dominante, il ne peut se désavouer.

C'est donc un jeu pervers, mais assez fréquent, où les participants peuvent changer de statut, d'attribution et donc de rôle, au fur et à mesure de l'évolution de leur posture dans le temps. Au final, toutes ces interactions posturales peuvent conduire à adopter une attitude contraire à notre volonté initiale.

Pour se sortir du piège de ce triangle de Karpman

- **Restez toujours vigilant à l'égard des « sauveurs »**, des redresseurs de torts, des défenseurs de la veuve et de l'orphelin. Certains incarnent ce rôle de sauveur comme levier d'influence sur leurs victimes. Sans devenir paranoïaque, interrogez-vous sur le bien-fondé de la démarche, sur l'intention qui pourrait se cacher derrière une bonne action, pour conserver votre objectivité.
- **Éloignez-vous des personnages manifestement « récupérateurs »**, qui surjouent la charité et l'intérêt pour vos affaires personnelles. L'adage populaire affirmant que la curiosité est un vilain

défaut n'a jamais été aussi pertinent que dans les problématiques de conflits de personnes.

• **Restez honnête avec vous-même**, osez vous avouer ce que vous pensez de telle ou telle situation ou personne : vous avez le droit d'être en désaccord, ce n'est pas grave. Assumez vos opinions et faites preuve d'empathie. Elle est une force si vous ne la laissez pas vous asservir, si vous arrivez à conserver votre objectivité.

• **Enfin, pensez à l'intérêt général et non particulier**. Qu'est-ce qui est le meilleur pour la collectivité et pour les protagonistes ? Quelle est l'utilité de ce conflit ? Ne suis-je pas dans la dramatisation et donc dans l'auto-alimentation du conflit ?

La force de l'adhésion conjointe

Cette technique est un processus en deux temps. D'abord, le manipulateur parle à l'un, puis à l'autre, en privé, afin de faire passer auprès de chacun une opinion ou une idée. Dans un second temps, si l'opération est réussie, les deux personnes ainsi influencées, en discutant ensemble et en débriefant, vont voir leur conviction se renforcer, chacune agissant en miroir de l'autre.

C'est la force de l'adhésion conjointe : les protagonistes seront encore plus enthousiastes s'ils ont l'impression de ressentir les mêmes émotions et de faire une analyse semblable de la situation.

L'appartenance ethnique

L'appartenance ethnique ou géographique est un fort ciment cohésif, car elle fait appel à la notion d'origine et donc d'identité. Les saumons ne sont pas les seuls à être influencés par leur lieu de naissance au point d'y retourner frayer. Les humains sont également sensibles à leurs racines.

Les manipulateurs le savent bien. Ils savent parfaitement jouer cette carte pour influencer leurs cibles. Ce procédé est encore plus présent dans les zones à forte identité régionale (Corse, Bretagne, Catalogne, etc.), car il induit une notion de solidarité et de défense communautaire.

L'utilisation d'un interlocuteur issu de l'immigration, ou ayant les mêmes origines étrangères ou des caractéristiques ethniques ou régionales semblables, permet d'établir un meilleur contact.

Plusieurs influences se mettent ainsi en place :

– Le préjugé de proximité, ou de pseudo-cohésion solidaire, parce qu'on a toujours tendance à favoriser quelqu'un de son groupe d'origine.

Le préjugé d'efficacité, généré par la double culture et qui induit un *a priori* positif, une notion d'agilité dans les deux sphères géographiques d'évolution. Celui qui était là avant connaît les codes et sait forcément des choses utiles.

– Le préjugé de solidarité d'immigration : impossible de se faire avoir par quelqu'un comme nous, ayant connu la même situation. On croit que la solidarité joue à plein et qu'une certaine forme de loyauté guide les relations.

Comment échapper à ces influences

• **Dans toute situation où l'origine ethnique est présente, cessez de croire qu'il est impossible de se faire avoir par un interlocuteur de la même origine**. C'est au contraire au sein même des communautés immigrées ou confessionnelles que sont constatées les plus grosses arnaques ou escroqueries.

• **Il convient donc de garder la plus grande objectivité et neutralité**. Jugez les faits et laissez vos fantasmes de côté.

La valeur de l'exemple

La valeur de l'exemple est un outil manipulatoire qui utilise le principe de l'expérience vécue comme source de crédibilité. Qui n'a pas entendu : « moi aussi, j'ai fait comme ça » ou « j'ai le même à la maison, j'en suis ravi ». Si d'autres ont fait la même expérience, qui s'est soldée positivement, alors c'est une bonne option, un bon choix.

Que vous le vouliez ou non, la tentation est toujours de croire à la valeur des expériences passées. Sauf que vous n'avez aucun moyen de savoir si elles sont fausses, inventées ou erronées... Seules la pertinence des exemples, la cohérence et la logique des enchaînements peuvent vous mettre la puce à l'oreille : soyez attentif à ce que vous entendez.

Le poids des minorités

Le poids des minorités est un levier manipulatoire que savent parfaitement exploiter les petits groupes, les associations et les cercles de réflexion, mettant en avant le principe d'équité, « tout le monde a droit à son temps de parole, à son temps d'exposition ».

Donc, mécaniquement, plus un groupe constitue une minorité, plus il a de chances d'être surexposé médiatiquement et d'obtenir de l'audience. C'est le principe même de l'attraction que provoque « l'originalité ». Les minorités sont, proportionnellement à leur poids réel ou à leur objectif, surreprésentées.

Un bon manipulateur utilise les minorités comme autant de pions avancés sur l'échiquier de son champ de bataille. Elles sont faciles à mobiliser et plutôt cohésives, donc facilement influençables.

L'utilisation de la rumeur

La rumeur est un procédé de manipulation qui vise à divulguer une information à partir d'hypothèses possibles ou probables, voire totalement farfelues, mais qui ont toutes en commun de disposer d'un fort potentiel attractif, basé sur le secret partagé.

Peu importe la crédibilité d'une rumeur, ce qui fait sa force, c'est le pouvoir fantasmagorique ou polémique qui va s'y associer. Et dans ce domaine, point de réserve : « Plus c'est gros, meilleur c'est ! »

Le succès de la rumeur tient dans la puissance de cet adage imparable : « Il n'y a pas de fumée sans feu. » Nul n'est en mesure de contrer l'avanie. La rumeur a souvent permis aux politiciens de mobiliser les foules et d'influencer les opinions. Notre histoire moderne regorge d'ailleurs d'exemples de belles manipulations politiques, guerrières ou diplomatiques (l'affaire Dreyfus, le naufrage du *Lusitania*, l'incendie du Reichstag, l'alunissage d'Apollo, les théories du complot du 11-Septembre, etc.). Internet s'est d'ailleurs transformé en tabloïd des fausses rumeurs, les renforçant encore davantage.

Ce procédé est surtout un révélateur des angoisses inconscientes de la population. Nous en voulons pour preuve la célèbre « rumeur d'Orléans », en avril 1969, qui dénonça un trafic de femmes kidnappées dans des cabines d'essayage et faillit causer la ruine de centaines de commerçants, jetant la suspicion sur toute une filière économique de proximité.

« La rumeur a toujours raison », puisqu'elle plaît aux polémistes, aux opposants et aux opportunistes, donc à une armée de relais toujours prêts à nuire. Balayant toutes les réputations, la rumeur emporte l'exemplarité de toute une vie dans un flot difficilement maîtrisable. Elle colle à ses victimes pour le restant de leur vie.

Difficile de contrer la rumeur…

• Commencez par accepter la première phase, préjudiciable et stressante, de montée en puissance de la rumeur et de votre désarmement total. L'effet de scoop et le côté exceptionnel du scandale peuvent donner le vertige tant la calomnie ou l'intention de nuire semblent insurmontables. **Inutile de vous lancer dans un plaidoyer vibrant pour justifier votre bonne foi ou prouver l'ineptie des propos véhiculés contre vous** : ne gaspillez pas votre énergie dans cette phase d'amorce, mais attendez plutôt la phase de révélation « officielle » pour contre-attaquer.

• La capacité de nuisance d'un manipulateur se mesure souvent à la pertinence des rumeurs qu'il distille et à leur crédibilité. Plus c'est plausible, mieux c'est admissible…

• **Traitez ces rumeurs par le mépris**. Si elles ne grossissent pas davantage et qu'elles restent des rumeurs, elles finiront par s'éteindre toutes seules. Si vous avez la possibilité d'attendre, il sera bon de ne pas sauter trop vite dans la justification et le démenti, car eux-mêmes risqueraient de créer artificiellement la polémique tant redoutée.

• **Utilisez votre cercle d'influence** : les meilleurs contradicteurs de rumeurs sont les élites, qui s'apparentent à des référents moraux et peuvent donc les dénoncer sans se faire taxer de collusion ou de suspicion.

• **Rappelez à chaque occasion la dimension grotesque de la rumeur**. Votre contre-communication doit être stratégique, subtile et bien dosée. N'hésitez pas à faire appel à des spécialistes, car le nombre de chausse-trappes est considérable et leurs conséquences ravageuses.

La calomnie

« Calomniez, calomniez, il en restera toujours quelque chose ! » dit l'adage. La calomnie est l'une des grandes armes du manipulateur malveillant qui cherche à salir la réputation d'autrui ou la mémoire d'un personnage, pour nuire ou blesser, par jeu ou par simple mesquinerie.

En général, plus la calomnie est grosse, mieux elle passe… Le manipulateur sait bien que ses allusions resteront dans l'esprit des gens. Et une fois lancée, l'atteinte à la réputation est acquise, sans doute durablement.

Il n'y a pas de réponse miracle face à ce genre d'attaque. Votre *ego* souffrira toujours de la calomnie. Pour sauver votre honneur, contre-attaquez pour rétablir la vérité et préparez une riposte à la hauteur de l'offense. Vous pouvez également choisir de traiter avec désinvolture vos détracteurs malveillants, mais attention, l'ignorance peut finir par vous frustrer et vous rendre revanchard.

L'étiquetage négatif

L'étiquetage peut être positif quand il attribue des qualités à un individu : lorsque l'on dit de vous que « vous êtes quelqu'un de bien », « de fort » ou « de résistant », cela vous incite à épouser ces caractéristiques. Dans l'étiquetage négatif, ce sont des critiques, des calomnies ou des rumeurs qui vont être mises en avant pour salir votre image, faire douter de votre probité ou de votre loyauté.

Ces « préjugés négatifs » seront très difficiles à effacer : si l'on vous dit de vous méfier de la personne que vous vous apprêtez à rencontrer, vous ne pourrez vous empêcher de développer de la méfiance à son égard, votre cerveau cherchant inconsciemment à « valider » les informations de départ, dans un souci de cohérence cognitive.

Si vous êtes victime d'un étiquetage négatif, vous ne pourrez rétablir seul la vérité sur votre compte ; utilisez des tiers et retenez que, contre la mauvaise publicité, seule fonctionne la bonne publicité, de façon subtile, non pas sous forme de « réponse défensive » à l'attaque, mais sous forme de « contre-feu » informationnel.

10

L'agressivité et la trahison

L'agressivité peut prendre une multitude d'expressions, de la plus subtile et la plus anodine à la plus provocatrice. Certaines formes contiennent des éléments manipulatoires efficaces, mais difficilement décelables.

Notre cerveau est programmé pour se méfier du danger, pour douter et pour prendre des décisions au sein d'un cercle réduit d'options, principalement à effets immédiats[1]. Or, c'est l'agressivité qui est souvent la première réponse de notre cerveau en situation d'opposition ou de risque. Les manipulateurs se jouent de cette disposition naturelle spontanée.

---

1. *Psychologie du jugement et de la décision : des modèles aux applications*, Bernard Cadet, Éditions de Boeck, Paris, 2009.

Double langage et double jeu

Cette méthode consiste à tenir un discours différent en fonction des circonstances et du public. Il est très difficile à la victime de se défendre contre ce type de procédé, qui reste souvent subtil et discret (parce que jouant sur les apartés).

L'émetteur va dire « blanc » à l'un et « noir » à l'autre, il va choisir de s'attirer les bonnes grâces d'une personne afin de servir les intérêts d'une autre (souvent un adversaire), ou il va jouer à l'agent double en intégrant les deux parties adverses, afin de tromper ou de manipuler l'une des deux (voire les deux).

Cette technique s'apparente à celle du Janus[1] : en public, le manipulateur se montre sous un jour agréable, il est conciliant, calme, modéré et compréhensif ; en privé, il se montre odieux, harceleur, capricieux et menaçant.

Ces pervers narcissiques, manipulateurs et ambigus, « mentent, se contredisent, sont de mauvaise foi, disqualifient, critiquent, font culpabiliser. Éternels insatisfaits, leur immaturité, leur lâcheté et leur méchanceté sont savamment dissimulées derrière une image sociale irréprochable[2] ».

1. Dieu romain aux deux visages, l'un tourné vers le passé et l'autre vers le futur.

2. *Échapper aux manipulateurs*, Christel Petitcollin, Guy Trédaniel Éditeur, Paris, 2015.

Contrer la technique du double jeu et du double langage

• **Le manipulateur doit être immédiatement dénoncé publiquement**, afin de faire tomber son masque : l'opprobre public est un excellent frein à ce machiavélisme.

• **Placez-le face à ses contradictions** en prenant à témoin des tiers neutres. Listez l'intégralité des événements, n'hésitez pas à accumuler le maximum de preuves de ce double jeu pervers afin de pouvoir contre-attaquer.

Le mensonge

Le mensonge est une arme puissante, aux atouts et bénéfices nombreux, mais aux conséquences désastreuses.

Mentir, c'est dissimuler, déguiser volontairement la vérité, nier ou taire ce qu'il faudrait dire. C'est l'une des grandes techniques manipulatoires. De la simple interprétation de la vérité à la tromperie pure et simple, le mensonge permet de calomnier, de discréditer, de faire douter ou de convaincre, soit pour faciliter une action bienveillante (dissuader quelqu'un de commencer à fumer), soit pour obtenir un avantage (bénéfice personnel ou pour favoriser un tiers).

Pour le menteur, il s'agit d'« interprétation de la vérité », de « nécessité conjoncturelle » ou de « vision divergente du monde » : toutes les stratégies sont bonnes pour atteindre son objectif, quitte à sacrifier la confiance sur l'autel du succès.

C'est donc une question de choix. La philosophie et la psychologie apportent des justifications précieuses aux menteurs, en rappelant que « la vérité n'existe pas ».

Ce que dit le droit français

Dans notre droit, seul le mensonge sous serment est punissable. Les personnes qui sont placées en garde à vue, mises en examen ou entendues par un juge d'instruction sont informées de leurs droits, parmi lesquels celui de se taire. N'étant pas contraints à prêter serment, ces individus peuvent donc librement mentir aux policiers, aux juges et aux magistrats. Les membres de la famille d'un prévenu ou d'un accusé, les victimes qui se sont constituées parties civiles, ainsi que les mineurs de moins de seize ans, sont entendus en tant que « témoins sans prestation de serment » et peuvent donc mentir en toute impunité lors d'une confrontation judiciaire.

En revanche, toute personne citée comme témoin qui fait une déposition mensongère sous serment (elle « jure de dire la vérité, toute la vérité, rien que la vérité ») encourt une peine d'emprisonnement d'un maximum de cinq ans et une amende de 75 000 €, ainsi que l'annulation de ses droits civiques (articles 434-13 et 44 du Code pénal).

Le bluff, mensonge stratégique et comédie

Le bluff, assimilé à l'usage subtil de la ruse et à une stratégie de prise d'ascendant, n'est perçu ni comme un mensonge inique ni comme un procédé déloyal. Il s'auréole même d'une certaine perspicacité maligne, caractéristique de l'intelligence situationnelle du joueur de poker ou du stratège militaire.

Le bluff est assimilé à une compétence d'intelligence supérieure, celle des grands maîtres ou des généraux qui ont fait l'histoire (comme Napoléon à Austerlitz, simulant sa retraite) : faire croire que l'on est puissant, alors même que le rapport des forces nous est défavorable, ou simuler la faiblesse pour masquer ses forces. Le bluff joue principalement sur la « potentionnalisation » des émotions et sentiments adverses, au service d'une stratégie d'influence (enthousiasme, peurs, croyances) sur l'adversaire.

Contre le bluff, nulle recette miracle : que le meilleur gagne !

C'est à vous d'être méfiant, de vérifier les informations, de ne pas céder à la panique, de ne pas prendre vos interprétations pour des réalités.

Le mensonge par omission

C'est le premier degré du mensonge, celui qui permet d'éviter la culpabilité : « mentir par omission, ce n'est pas mentir », croit-on, et pourtant, ça l'est ! Taire ce que l'on sait, ne pas révéler ce que l'on doit, c'est toujours mentir. Le mensonge par omission est une forme malicieuse qui fausse la loyauté d'une relation, même si son auteur est souvent bienveillant et mû par la volonté de ne pas blesser son interlocuteur.

Si vous repérez un menteur par omission, essayez de savoir ce qui se joue derrière sa volonté : cache-t-elle de la gêne, de la bienveillance maladroite ou une volonté toxique de manipulation ? Les intentions du menteur par omission peuvent être diverses, ce qui vous oblige à être prudent dans votre manière de traiter ces personnes. Découvrir ce genre d'indice est un atout qu'il n'est pas forcément bon de mettre d'emblée sur la table. Il est toujours raisonnable de prendre du recul et d'engranger des preuves d'erreurs chez l'interlocuteur. À vous de voir si, dans le futur, il conviendra ou non d'utiliser ces éléments. L'important, au final, est de ne pas être dupe.

L'extrapolation volontaire

Cette forme de mensonge sans gravité, que l'on appelle selon les circonstances fanfaronnade ou mythomanie, est plutôt considérée comme un travers de langage, une exagération. Aucune malice ne se cache derrière ce Marseillais à la Pagnol, archétype du gouailleur dont la sardine voudrait avoir bouché le port de la cité phocéenne !

Faut-il se défendre contre les travers de l'extrapolation ?

• **L'important est de la repérer et d'être prudent vis-à-vis de celui qui la manie**. Nulle nécessité d'en faire un combat, car le fanfaron ou le mythomane se font plus de mal qu'ils n'en font aux autres. Leur exubérance narcissique et fantasmagorique prête plutôt à sourire : ce sera votre meilleure défense.

• En général, le menteur redouble alors d'anecdotes et de précisions, sentant qu'il est sur le point d'être démasqué. Il y a alors de grandes chances qu'il aille trop loin et se prenne les pieds dans le tapis et chute dans le grotesque. **L'affichage de votre amusement sera la pire des sanctions**.

La menace

Menacer, c'est vouloir user d'un rapport de force, jouer sur la peur de la sanction, des représailles ou de l'inconnu. La menace alimente l'autosuggestion, c'est-à-dire l'idée que la victime se fait des risques qu'elle encourt à ne pas faire ce qu'on lui dit ou à ne pas respecter une règle. C'est donc la cible elle-même qui prend part dans l'efficacité du processus de soumission.

Pour fonctionner, la menace doit suffisamment intimider la cible, auto-alimentant ainsi la détermination et l'efficacité du discours de celui qui la profère. La menace lancée pour un oui ou pour un non, quant à elle, signalera un message incongru et tombera immédiatement à l'eau.

Les négociateurs de crise des unités d'élite savent parfaitement évaluer la pertinence de la menace : elle doit être convaincante et suffisamment plausible, sinon elle ne sera pas prise au sérieux ; elle doit atteindre directement sa cible (personne ne prend pour lui une menace « en l'air ») qui doit, enfin, être elle-même en mesure de se soumettre.

Une menace peut prendre plusieurs formes, que les négociateurs de la police savent parfaitement interpréter comme des baromètres du danger :

– La menace réactive : « Si vous essayez d'entrer, je tue l'otage. » Elle est défensive et preuve d'une peur cachée. Elle veut dire : « N'entrez pas ! »

– La menace proactive : « Si vous ne donnez pas la rançon, je tue l'otage. » Celle-ci ressemble fort à un chantage, voire à un ultimatum si on lui associe une limite de temps. C'est donc une menace déterminée et qui engage son émetteur.

– La menace cachée : « Vous ne voulez pas payer la rançon ? D'accord… » Phrase sibylline, suspendue sur l'inconnu et qui laisse présager de toutes les hypothèses funestes.

– La menace inconditionnelle : « De toute façon, je vais le tuer », qui montre une forte détermination et un point de non-retour.

– La menace-conseil, qui peut également être une simple tentative d'intimidation et prendre valeur de mise en garde : « Je serais à votre place, j'écouterais ce qu'on me dit. »

Toutes ces menaces présentent des risques, mais ce sont les menaces proactives et inconditionnelles qui sont les plus dangereuses de toutes.

Comment contrer la menace

• **Vous êtes le premier moteur d'efficacité de la menace** émise à votre encontre, elle aura donc l'importance que vous lui donnerez : si vous la minimisez, elle n'est plus qu'un simple « risque à courir ».

• **Pour éviter toute surenchère dans la menace, reconnaissez sa force** : « J'ai compris que vous étiez déterminé, je n'ai pas besoin de preuve supplémentaire. » **Conservez une posture neutre**, ne paraissez ni impressionné ni désinvolte. Celui qui a proféré la menace doit voir que vous avez compris son message, mais il ne doit pas lire de peur chez vous. C'est une subtilité difficile à maîtriser.

• **N'hésitez pas à vous excuser si vous êtes en faute**. Verbalisez le fait que vous auriez sûrement ressenti les mêmes émotions à la place de votre interlocuteur. Vous avez pu le blesser, la moindre des choses est donc de faire amende honorable.

• Lorsque la menace a un objectif agressif, le passage à l'acte dépend de votre façon de la gérer. **Pour désamorcer l'agressivité montante**, montrez les points positifs et les possibles concordances, tentez de maintenir de bonnes relations et de préserver la confiance entre vous. **Attention aux postures arrogantes** qui incitent au passage à l'acte.

• « **La meilleure défense, c'est l'attaque** » : face à une menace, il vous faudra parfois vous insurger, vous rebeller et rétablir le rapport de force, mais aussi verbaliser toute l'incongruité ou l'ineptie de la situation.

La technique de l'acariâtre imprévisible

C'est la méthode de tous ceux qui, conscients de leurs propres faiblesses ou cherchant à se protéger des attaques et des mauvaises surprises, jouent les pitbulls de service : l'objectif est de passer pour un « sale type » avec lequel il est impossible de discuter.

Cette posture met à distance les gens envahissants, les profiteurs, les immatures dépendants et les personnes dominantes. Dissuadant bon nombre d'interlocuteurs d'entrer en conflit, de se montrer intrusifs ou trop en confiance. Avec l'acariâtre imprévisible, il faut s'attendre à tout : il peut sauter sur la table à tout moment, insulter son interlocuteur, planter tout le monde en pleine réunion sur un simple coup de colère… Tous les moyens sont bons pour afficher sa mauvaise humeur et son agacement : l'acariâtre imprévisible est un capricieux.

Comment contrer l'acariâtre

• **Mettez en avant des éléments factuels**, indiscutables, et n'entrez pas dans le jeu des excuses et des justifications, cela ne servirait à rien. Assumez vos opinions avec assurance, tout en restant calme et courtois. Fermeté peut rimer avec politesse, ne l'oubliez pas.

• Si ce genre d'acariâtre ne semble à son aise que dans le conflit et ne comprend que le rapport de force, cela masque trop souvent des mécanismes de défense et des faiblesses : il joue un rôle pour maintenir les autres à distance. **Restez donc le plus neutre possible, sans vous sentir agressé ou blessé** : ce n'est pas contre vous que le manipulateur s'insurge ! Il renâcle, il râle avec tant de plaisir... laissez-le faire, offrez-lui cette modeste victoire.

• **Ne cherchez pas à améliorer à tout prix la relation** : à trop chercher à l'apaiser, à lui plaire et à trop courber l'échine, vous glisseriez sur une pente risquée jusqu'à perdre totalement la maîtrise de votre relation et/ou votre dignité. C'est lorsqu'il aura besoin de vous que les choses se normaliseront (mais pour un temps, seulement), quand il ne vous identifiera plus comme une menace. **Vous pouvez même devenir un élément stabilisateur précieux** pour lui, car « vous, au moins, vous ne vous offusquez pas de ses emportements et vous savez le prendre ».

Identification du défaut dominant de l'adversaire

La connaissance de son adversaire est un atout majeur puisqu'elle permet de déceler ses points de faiblesse. Il convient tout autant de se connaître le mieux possible, afin notamment de discipliner ses propres élans, ses travers et ses émotions, qui sont autant d'indicateurs de points de vulnérabilité pour l'adversaire. Nos défauts, nos humeurs sont autant d'occasions pour un observateur aguerri d'utiliser les leviers susceptibles de nous impacter. Certains d'entre eux sont capables de dominer totalement nos réactions, nous privant de tout contrôle, comme la colère, l'avarice, le dédain, la cupidité et l'orgueil[1]. Les connaître permet de résister à leurs influences en ayant conscience de l'image que l'on renvoie aux autres.

Tirer profit de ses adversaires

Au royaume des insouciants et des naïfs, le pouvoir se concentre entre les mains des manipulateurs et des profiteurs. Baltasar Gracián y Morales, écrivain jésuite espagnol, dans son *Oracle manuel et art de la prudence* publié en 1647, met en évidence les sources de la courtisanerie, véritable science du comportement.

On y apprend qu'il est indispensable de « connaître son défaut dominant, savoir obliger, ne jamais donner satisfaction à ceux qui n'en demandent point, savoir faire l'ignorant, tirer quelques coups en l'air, faire et faire paraître, constamment se dissimuler » et qu'il faut tirer profit de l'existence même de nos adversaires : « Le sage se fait de la haine de ses envieux un miroir où il se voit bien mieux que dans celui

1. Nous y retrouvons entre autres les sept péchés capitaux.

de la bienveillance. Ce miroir lui sert à corriger ses défauts ; car on se tient fort sur ses gardes quand on a des rivaux ou des ennemis pour voisins. »

Par là même, il valide une sentence pertinente : « On n'est jamais trahi que par les siens. » Prudence, donc, dans toutes les relations humaines et sociales.

Créer une situation imprévue

L'art de surprendre, de générer de l'imprévu, déstabilise, trouble la réflexion et la prise de décision. D'historiques négociateurs sont passés maîtres dans l'art de surprendre, de prendre le contre-pied, d'aller là où on ne les attend pas, avec pour seul but de contrarier la stratégie adverse. Savoir générer du doute, faire hésiter sur un coup de poker, jouer sur la peur de l'inconnu ou de l'échec, autant de leviers utiles aux manipulateurs.

Nous sommes faiblement armés, au niveau cognitif, pour résister à l'inconnu qui entraîne la perte de repères, l'aléa du choix, la soumission aux événements et le risque de prendre de mauvaises décisions. Ainsi, nous passons notre temps (et c'est l'une des caractéristiques de notre survie en tant qu'espèce) à formaliser, anticiper, prévoir, éditer des process et des fiches de postes, des plans d'intervention : Blanc, Rouge, Orsec, Polmar, Piratair, etc.

Les grands manipulateurs alternent les phases de sécurité et d'inconnu, entraînant des flots d'émotions perturbatrices. Savoir lutter contre ces formes de déstabilisation nécessite l'intégration de l'inconnu dans l'équation. D'ailleurs les meilleurs spécialistes de gestion de crise prônent tous la nécessité de prendre de la distance face aux plans (qui ne sont souvent pas à jour, pas lus, pas compris, pas applicables parce que trop théoriques ou intellectualisés) afin de comprendre les principes de la méthodologie, l'établissement de *check-lists* simples et pragmatiques, applicables quelles que soient les connaissances des opérateurs qui les mettent en œuvre.

L'efficacité tient alors non pas des processus mis en place pour contrôler les événements et les situations, mais de l'agilité permettant de répondre à la survenue d'un cas nouveau, hors cadre.

- **Si vous acceptez de ne pas avoir toutes les réponses**, d'être dans l'incertitude, vous cesserez de vous angoisser.
- **Concentrez-vous sur la méthodologie** qui permet d'affronter cette incertitude et apprenez à vous poser les questions adaptées pour identifier les bonnes problématiques.

Le désintérêt

Au cours d'une réunion, l'un des participants semble ne plus porter aucun intérêt à ce qui se dit ;

il bâille, discute en aparté avec son voisin, regarde ses notes, dessine, *textote* ou répond à ses mails. Cette attitude perturbe et dérange, car, au-delà d'une impolitesse manifeste, ce désintérêt affiché remet en cause l'orateur. Il blesse son *ego* et lui fait perdre ses moyens. C'est ce que cherche le manipulateur.

Pour reprendre la situation en main et attirer l'attention, l'orateur peut manifester sa contrariété, renforçant ainsi le jeu pervers du manipulateur qui va pouvoir blesser à nouveau sa cible par le dédain ou une diatribe, ou le pousser à redoubler ses efforts dans une lutte consommatrice d'énergie.

Lors d'une négociation, le constat du désintérêt de la partie adverse renvoie aussitôt à la peur de perdre la partie. La victime cherche alors à réveiller l'intérêt en étant proactive, en se montrant force de proposition. Elle propose une solution. Or, en matière de négociation commerciale, nous le savons bien : c'est souvent le premier qui fait une proposition qui perd !

Il faut toujours partir du principe que, si la personne en face était vraiment si peu intéressée par le sujet traité, elle serait partie depuis longtemps, voire n'aurait même jamais pris la peine de venir écouter. L'objectif du manipulateur est avant tout de déstabiliser l'interlocuteur, de le pousser à la faute.

Comment se comporter face à l'interlocuteur qui affiche son désintérêt

• **Ne vous sentez pas attaqué personnellement** : cet individu procède ainsi avec tout le monde, son jeu est immature et pitoyable.

• **Poursuivez comme si de rien n'était**.

• **Sollicitez éventuellement son voisin** (surtout pas l'impoli lui-même, vous lui feriez un trop grand plaisir) en lui demandant ce qu'il retient de positif de vos propos ou la manière dont il voit les choses, obligeant ainsi le malotru à suspendre son activité afin de prêter attention, au cas où il serait le prochain sollicité.

• **S'il s'agit d'un interlocuteur unique, mettez fin à la discussion**, tout en le remerciant pour sa présence. Gardez un flegme exemplaire et un sourire de circonstance, et proposez un prochain rendez-vous.

Souffler le chaud et le froid

Votre interlocuteur se montre dédaigneux et vous semblez ne pas exister pour lui, vous avez l'impression d'être transparent. Rien ne semble provoquer son intérêt et cela vous désarçonne. Après quelque temps, cette personne s'intéresse enfin à votre dossier. Vous êtes tellement heureux de ce revirement que vous redoublez vos efforts pour conserver le bénéfice de cet intérêt inespéré. Vous venez d'être victime du piège de l'« irascible apaisé ».

Autre cas : votre interlocuteur se montre désagréable, maltraitant, défensif, menaçant, indigné. Il se met en colère, s'emporte, vous accuse ou vous incrimine (de préférence injustement). Puis il s'apaise, accepte de nouveau le dialogue, écoute vos arguments. Vous êtes tellement content de vous faire enfin entendre, de constater que vos relations s'améliorent, que vous êtes prêt à tous les efforts pour conserver cette bonne relation. Vous venez d'être victime d'un procédé d'emprise du pervers narcissique.

Cette pratique manipulatoire joue sur la volonté de préserver de bonnes relations et sur la culpabilité. C'est le principe d'apaisement : préférer une situation apaisée à une relation conflictuelle, même s'il faut de nombreux efforts pour maintenir un *statu quo*.

Comment résister à cette forme d'emprise

- **Ne vous enfermez pas dans une soumission aux caprices d'autrui** (fluctuations thymiques) dans l'espoir de maintenir « à tout prix » de bonnes relations. Celles-ci sont la résultante, normalement, d'un partage des efforts et des attentions. Acceptez ces variations dans l'ascension de votre objectif final.
- **Ne culpabilisez pas** en cherchant à donner du sens à une situation dont vous ne maîtrisez rien.

La méthode du sphinx

Bon nombre d'enseignants en négociation commerciale conseillent l'utilisation systématique de cette méthode, qui vise le contrôle absolu de l'image, des émotions, des actions : avoir l'air impénétrable, totalement inaccessible, impassible, mains à plat sur la table, etc.

C'est la méthode dite « du sphinx », un moyen de ne donner aucune prise à l'adversaire, de maîtriser la relation et de créer un embarras fort, permettant de déstabiliser la cible. La victime chercherait alors à faire des efforts pour provoquer l'enthousiasme, améliorer la relation, tenter de générer de la confiance... et rompre cette posture de sphinx si dérangeante. Ou alors, elle serait bloquée cognitivement par la peur que lui inspirerait le sphinx.

Comment contrer le sphinx

- **Laissez le sphinx à sa rigidité et à sa posture de retrait**. Il convient de jouer votre partition sans vous soucier de lire des indices chez lui. Si votre interlocuteur ne veut rien montrer, c'est l'occasion de dérouler méthodologiquement votre plan d'action, en faisant fi de l'intérêt suscité. Faites donc « comme si » l'autre était participatif et coopérant. Peu importe que cela ne soit pas le cas.

• **Tablez sur le fait que le sphinx se lassera** et devra se dévoiler, au bout du compte.

• Vous bénéficiez d'un principe formidable qui est à mettre ici à votre crédit : « Qui ne dit mot consent. » **Si votre interlocuteur ne réagit pas**, ne négocie pas, ne dit rien, ne montre pas d'émotion, **c'est qu'il valide vos propos**. Restez provocateur sur ce point : « Je considère que cela vous convient, puisque vous ne dites rien. » Au bout d'un moment, vous le ferez sortir de sa réserve et les échanges pourront débuter.

Prêcher le faux pour savoir le vrai

Ce procédé manipulatoire ancestral se rapproche de « la porte dans la figure ». L'interlocuteur attaque sur un sujet donné, si possible inadmissible, odieux, ou très pénalisant, peu importe qu'il soit vrai ou pas (c'est encore mieux quand il est faux).

Si c'est une attaque, le but est uniquement de faire réagir la cible, qui cherchera alors à se justifier par tout moyen, quitte à avouer des choses minimes, lesquelles seront alors utilisées contre elle.

Police, justice et journalistes sont passés maîtres en la matière : « On nous a dit, vous concernant, que… Vous prétendez que c'est faux ? Que s'est-il vraiment passé, alors ? »

Si c'est pour obtenir des informations sur un tiers, le même processus se joue (« On m'a dit que... »), la personne visée s'empressant de vouloir rectifier tel ou tel malentendu, telle ou telle calomnie ou affabulation. C'est d'ailleurs sur les tiers que cette technique est la plus efficace.

Comment contrer cette technique

• Simplement **savoir que cette technique existe** en met à l'abri, pour partie.

• « On nous a dit que... » n'a plus aucun pouvoir dès lors que l'on investigue un peu : qui est « on » ? Personne ? Donc cela ne m'intéresse pas, je n'ai que faire des rumeurs.

• N'hésitez pas à opposer que **vous ne vous laissez pas avoir par de basses manœuvres de calomnie grotesque**. L'objectif est d'associer le manipulateur à votre rejet du procédé diffamatoire, en discréditant le propos et son orateur.

• **Il est vital de prévenir l'entourage**, les collaborateurs, dès lors qu'ils sont susceptibles d'être sollicités afin de s'exprimer sur le sujet, car les manipulateurs vont également chercher à les déstabiliser selon les mêmes procédés.

La méthode ad hominem

La locution *ad hominem* (à l'homme, en latin) ou *argumentum ad hominem* permet de discréditer l'autorité de la source par la technique du procès d'intention. C'est un argument de rhétorique consistant à confondre un adversaire en lui opposant ses propres paroles ou ses propres actes. Cela permet de discréditer des arguments adverses (paroles, actes, etc.), sans les discuter eux-mêmes, en s'attaquant à la crédibilité de la personne qui les présente.

Un orateur affirme par exemple qu'il faut faire cesser le trafic scandaleux des animaux et dénoncer les ateliers de confection de fourrure, pires que des abattoirs. Son contradicteur lui répond : « Pourquoi, alors, portez-vous des chaussures en cuir ? Allez au bout de vos convictions au lieu de donner des leçons que vous n'appliquez pas à vous-même. Si vous aviez raison, vous montreriez l'exemple et marcheriez en tongs ou en espadrilles. »

L'argument *ad hominem* est le seizième stratagème recensé par le philosophe Arthur Schopenhauer dans *L'Art d'avoir toujours raison*[1] : « Quand l'adversaire fait une affirmation, nous devons chercher à savoir si elle n'est pas d'une certaine façon, et ne serait-ce qu'en apparence, en contradiction avec quelque chose qu'il a dit ou admis auparavant [...]. Si par exemple

1. Publié en 1864 sous le nom de *Dialectique éristique*.

il prend parti en faveur du suicide, il faut s'écrier aussitôt : "Pourquoi ne te pends-tu pas ?" Ou bien s'il affirme que Berlin est une ville désagréable, on s'écrie aussitôt : "Pourquoi ne prends-tu pas la première diligence ?" »

Contrer un argument *ad hominem* revient à vous défendre ou vous justifier

C'est là que réside la force du processus d'attaque, puisqu'il vous éloigne de votre stratégie pour vous plonger dans d'interminables rétablissements de vérités ou condamnations du procédé.

- Retenez que **la meilleure défense, c'est l'attaque**. Nulle obligation de vous justifier, redoublez même vos attaques à l'encontre de votre détracteur. Encore faut-il avoir préparé à l'avance quelques solides arguments. **N'hésitez pas à nommer clairement le procédé** comme manipulatoire/orienté.
- Vous pouvez également **choisir de répondre par l'ironie**, en montrant la dimension grotesque de l'argumentation et en vous en moquant ouvertement, **ou par le mépris**, en poursuivant votre développement comme si de rien n'était.
- **Choisissez l'humour** : trouvez le bon mot qui pointera l'aspect risible de l'argumentation.

• Enfin, **indignez-vous** : « Je ne m'abaisserai pas à répondre à un procédé aussi manipulatoire. Personne n'est dupe de cette stratégie ! Ne faites pas offense à notre intelligence. »

La méthode ad personam

Très proche de l'attaque *ad hominem*, cette méthode est un autre moyen de discréditer l'autorité de la source en procédant à une attaque personnelle, faute de pouvoir discréditer le discours ou l'attitude.

L'assaut porte directement sur l'adversaire en tant que personne et non sur la cohérence de sa thèse ou sur la conformité de ses paroles avec ses actes. C'est typiquement l'attaque de certains avocats en plaidoirie. Une jeune femme accuse un homme de viol. L'avocat de l'agresseur montre qu'elle a une vie dissolue, des amants, et qu'elle est de mœurs légères. Il en conclut qu'elle était consentante. La jeune femme est discréditée devant les jurés, et le doute profite à l'accusé.

Comment contrer la méthode *ad personam*

• **Coupez court à cette attaque** par quelques phrases bien pesées : « N'inversons pas les rôles, l'offenseur ne va pas jouer les offensés » ou : « Merci de nous épargner ce petit jeu ; cela ne prend pas ! »

• **Répondez par le dédain**, voire le dégoût affiché, et l'indignation. Faites comprendre que votre contradicteur utilise les pires ressorts (malhonnêteté, mensonge, extrapolation) pour se dédouaner de sa faute. Là encore, **attaquer plutôt que se justifier** reste un bon mode de défense.

Déplacement du sujet

Ce ressort, proche de la méthode *ad personam*, consiste à changer de sujet, à déplacer la discussion sur un autre thème (mieux maîtrisé) ou sur un sujet moins scabreux, afin d'éviter le vrai sujet de la négociation.

Pour contrer cette manipulation

• **Pensez à recadrer votre interlocuteur** ou proposez-lui de revenir ultérieurement sur le sujet : « Ne changeons pas de sujet, si vous le voulez bien » ou : « Nous en reparlerons mais évoquons tout d'abord… »

La marinade

Le manipulateur laisse planer le doute sur ses intentions, afin que la cible ne puisse jamais se positionner en termes de décision. Il joue la montre, laisse

« pourrir » la situation. L'exaspération gagne alors la cible qui, par lassitude ou nécessité de conclure, cède alors bien au-delà de ce qui était prévu au départ, car elle se retrouve prise de court. Celui qui gagne est celui qui est le moins pressé des deux.

En outre, le temps émousse les émotions et efface les contrariétés passagères. Renvoyer aux calandes grecques les conclusions d'investigation et de procès est une technique d'usure très efficace, puisqu'elle joue sur la lassitude de la cible et sur sa résignation.

Pour contrer la marinade

- **Prenez tout le temps** dont vous disposez
- **Imposez une limite de temps** aux négociations-transactions. Passé cette limite, les règles changeront : à vous de les prévoir judicieusement afin qu'elles soient contraignantes.
- **Utilisez un tiers facilitateur** qui incitera la partie adverse à se décider.

La culpabilisation

Le manipulateur fait croire à la cible qu'elle est seule responsable de ses malheurs qui ne sont que l'aboutissement de ses erreurs, de son manque d'efforts ou d'intelligence !

Ce phénomène d'autoculpabilisation, de résignation, d'inhibition de toute volonté de révolte, de verrouillage sur une boucle d'autocritique et de contrition, entraîne un puissant besoin de racheter ses fautes, de redoubler ses efforts pour se faire pardonner. Cette pratique manipulatoire est particulièrement efficace sur ceux qui cherchent à être aimés des autres.

Se met alors en place un cercle vicieux qui offre la possibilité au manipulateur de renchérir à toute occasion en s'appuyant sur les prétendues fautes. L'autocensure morale donne du sens au mécontentement d'autrui et justifie sa colère.

Pour lutter contre les tentatives de culpabilisation

• **Objectivez la situation** en vous posant les bonnes questions : Qu'ai-je fait ? Qu'ont fait les autres ? Qui a fait quoi, chronologiquement ? Est-ce vraiment grave ? En quoi ce que j'ai fait est-il si grave ? Ai-je honte de moi ? Puis-je présenter des excuses ou aurai-je l'impression de me rabaisser ?

• **Laissez de côté votre *ego***, affrontez avec courage les conséquences de vos actes : **ce qui est fait est fait**, il faut maintenant regarder l'avenir et dédramatiser.

• **Ne tentez pas de faire le mort** : rien ne s'oublie, même après le pardon. Gardez en tête qu'une situation qui n'est pas assainie ne s'apaise jamais vraiment.

11

La bienveillance et les leviers positifs de la manipulation

On ne parle généralement de la manipulation que dans une orientation négative, comme instrument de malveillance redoutable. N'oublions pas qu'elle est très souvent utilisée de façon positive, agréable et narcissisante. Elle dope alors l'enthousiasme, mais n'en reste pas moins un moyen d'influence pouvant être utilisé dans un objectif de contrôle ou de stimulation (sportive, par exemple). L'intention du manipulateur est alors parfaitement calculée.

Les techniques d'ancrage et de rappel à la mémoire

Ce principe consiste à jouer sur les éléments passés pour infléchir une position actuelle ou orienter une prise de décision : « Au nom du passé, fais ça pour moi... » L'influence du passé est énorme. C'est un mécanisme d'ancrage (positif ou négatif) qui nous sert d'expérience et de guide pour le futur. Comme la madeleine de Proust, ce souvenir qui nous émeut et s'impose à notre mémoire avec nostalgie, il est bien difficile de refuser quelque chose à un ami d'enfance. Nous nous sentons prisonniers de cette relation, d'une forme de fidélité.

Dans le domaine du sport de haut niveau ou celui des forces spéciales, on appelle techniques d'optimisation du potentiel (TOP) cet apprentissage positif. Il s'agit d'une mentalisation d'actions réussies, positives, gagnantes, qui doivent renforcer la confiance personnelle. Le skieur de slalom géant qui mime sa course, les yeux fermés, les bras ouverts, passant des portes imaginaires, est en pleine séance d'ancrage positif, de conditionnement cognitif. Et ça marche ! Pour les forces spéciales, ce sont les phases d'action, de pénétration en zones à risque, qui sont mentalisées.

L'esprit est une machine formidable capable du meilleur comme du pire. Il peut nous aider à nous transcender et nous rendre audacieux, ou à l'inverse nous faire douter, nous démoraliser, nous affaiblir au point d'être en sous-capacité. L'esprit seul gouverne l'homme.

La soumission au passé dépend de chacun. Certains se sentiront toute leur vie redevables et prisonniers de leurs relations, d'autres s'en affranchiront sans problème parce que seul le futur compte. Égoïsme ou réalisme ? La question ne saurait être tranchée. En revanche, si vous avez tendance à culpabiliser, attention à ne pas vous enfermer dans des obligations déraisonnables, voire manipulatoires.

La réciprocité

Le manipulateur connaît bien ce principe de vouloir spontanément rendre la pareille et s'évertue donc à faire des cadeaux ou à dire du bien de ceux qu'il veut enfermer dans le principe de réciprocité. Une fois couverte de cadeaux ou d'attentions, la cible ne pourra rien refuser, elle se sentira obligée, redevable.

C'est la première étape d'approche des mafias. Jamais elles n'y vont d'emblée en force contre des décisionnaires, des autorités ou des politiques qu'elles souhaitent corrompre. Toute la subtilité de leur stratégie tient en une multiplication de petits bénéfices (billets gratuits pour des matchs), de petits passe-droits (entrée VIP, table réservée au restaurant), de menus services (prêt d'un botaniste ou d'un plombier). Ce qui est anodin au départ devient, à terme, une corde de pendu.

Pour vous affranchir de ce genre de procédés et conserver votre liberté, refusez, sans agressivité, les cadeaux et les attentions. La moindre faiblesse vous expose à devoir rendre la pareille, sous quelque forme que ce soit. On ne transige pas avec sa liberté d'action et de parole.

Le dévoilement, la confidence

La technique consiste à faire des confidences « pesées », quelques révélations intimes, pour inciter l'autre à en faire autant, par effet de réciprocité.

Cela peut consister également à parler de ses vulnérabilités pour provoquer l'indulgence de son interlocuteur.

Il peut s'agir encore de mettre cartes sur table d'entrée de jeu en révélant ses informations, ses intentions, ses objectifs, etc., afin de créer une relation de confiance et de réciprocité. Cela peut être payant, car la confiance appelle la confiance.

• **Ne vous sentez jamais lié par des confidences qui vous sont faites**. Elles regardent uniquement celui qui les prononce et ne vous obligent en rien. Essayez plutôt de trouver les raisons de tels aveux et **n'y voyez aucune preuve de sympathie** : les confidences sont avant tout des menottes qui peuvent vous compromettre.

La technique du libre arbitre

Principe selon lequel toute action librement consentie est acceptée plus durablement qu'une action imposée : plus un individu se croit libre de ses choix, plus il est manipulable. Il suffit de dire à quelqu'un « vous êtes libre de le faire ou pas… » pour qu'il accepte bien plus facilement d'obéir.

Le fait de se sentir libre est l'une des composantes de la « persuasion » (ce qui vient de moi et non de l'autre). Les gens n'aiment pas se faire forcer la main, mais s'ils ont l'impression d'un libre choix, cela les rassure et ils agissent alors pour mettre de la cohérence entre leur image, les attentes de leur interlocuteur et leurs actions. Il suffit au manipulateur de se recommander en amont d'une valeur (altruisme, bienveillance, etc.) pour mener son action à terme (c'est l'une des composantes de la théorie de l'engagement).

Le libre arbitre relève également d'un processus de persévérance et de congruence. Les premières victimes en sont les scrupuleux, ceux qui mettent leur point d'honneur à tenir leurs engagements, ceux qui sont fiables et droits : ils ont du mal à revenir en arrière, à se dédire ou changer d'avis, et préfèrent se soumettre quitte à devoir trouver ensuite une auto-justification.

La technique du « … mais vous êtes libre de refuser » fait appel à un principe de contradiction cognitive entre la tendance à l'obéissance et la gestion de notre penchant de rébellion : même dans une situation où le choix est offert, l'option naturelle de l'homme est d'obéir. Nous avons appris à être obéissant durant notre enfance et notre scolarité.

Dans cette phrase, la notion de refus a une connotation péjorative. Personne n'a envie de passer pour un mauvais soldat, un rebelle ou un contestataire. L'ancrage négatif, c'est donc la résistance morale, mais au final la soumission à l'autorité, ou à la proposition faite. Si la phrase était : « Vous êtes libre d'accepter ! » notre instinct rebelle nous pousserait à répondre : « Non, je ne veux pas. » En inversant les énoncés se télescope dans notre esprit l'idée que, si je m'affirme, c'est par un « non » ! Or, le « non » se rapporte ici au refus… d'où l'influence manipulatoire de la sémantique de cette phrase. Les subtilités linguistiques sont de bons vecteurs de manipulation. Les négociateurs efficaces savent jouer ainsi sur les contradictions cognitives et/ou sur les doubles négations.

L'écoute et l'orientation

« Sachez écouter, et soyez sûr que le silence produit souvent le même effet que la science[1] » : celui qui écoute ne commet pas d'erreur, car il ne dévoile rien de ses faiblesses, ne s'engage en rien. Il bénéficie d'un *a priori* favorable, notamment lorsqu'il devient le confident, celui qui comprend les attentes, les besoins, celui qui panse les plaies. Il peut décrypter

1. Napoléon, en 1805, dans ses instructions au prince Eugène, vice-roi d'Italie.

le système de pensée de l'interlocuteur et s'adapter à ce qu'il entend. L'écoute est donc l'un des outils de la manipulation.

Les éléments de contexte perturbateurs de l'écoute peuvent également devenir des moyens d'influence subtils, dès lors qu'ils produisent des comportements calculés : inviter quelqu'un à discuter dans un environnement sonore bruyant l'oblige à parler fort, donc à se fatiguer plus vite, mais aussi à se rapprocher de vous pour s'économiser, ce qui crée inconsciemment de l'intimité. Le choix de la période de sollicitation de l'interlocuteur est un autre perturbateur de l'écoute possible, car évoquer un sujet sans que l'autre ait vraiment de temps à y consacrer conduit à faire prendre des décisions plus rapides et plus affectives.

Les influenceurs « techniques » écoutent en adoptant une position précise avec leurs interlocuteurs : ils se placent de façon que les autres les regardent et les écoutent en tournant légèrement leur tête vers la droite, car des tests ont montré qu'en regardant vers la droite, on ressent plus facilement du calme et de la détente. C'est un mouvement qui est confortable et naturel. En revanche, imposer à quelqu'un de tourner la tête vers la gauche stimule un certain inconfort, un malaise imperceptible, mais qui peut connoter négativement les choses ou les propos.

Sur ce principe, dans le secteur de l'agencement immobilier commercial, les circuits de flux de clients passent tous par un démarrage de la circulation par la droite, pour finir par la gauche du magasin : instinctivement et intuitivement, le client sera toujours tenté d'aller fréquenter les rayons qui se situent sur sa droite (s'y trouvent les articles superflus ou onéreux, et les achats « coup de cœur »).

Le toucher

L'action de toucher permet de pénétrer dans la sphère « intime » de l'interlocuteur. Le geste, pour être efficace, doit rester discret, naturel et anodin. Si une personne accepte qu'on lui touche le bras ou la main, l'adhésion sera plus grande. De nombreuses études en psychosociologie l'ont démontré.

Cela peut cependant produire une répulsion chez certains. Il n'est donc pas garanti que le toucher entraîne une adhésion systématique.

Kevin Hogan[1], conférencier et essayiste, apporte les conseils d'influence suivants, en matière de vente, sur le toucher : « S'il s'agit d'une réunion avec hommes et femmes, toujours saluer la femme en premier, avec une poignée de main ferme, mais sans plus. *Idem* pour l'homme et ne plus les toucher après. Si, en revanche, on rencontre un(e) client(e) à l'extérieur, on peut lui toucher le bras lors de la discussion, du

1. Auteur notamment de *The Psychology of Persuasion: How to Persuade Others to Your Way of Thinking*, 1996.

poignet à l'épaule, mais jamais le dessous du bras. Il faut que cela ait l'air naturel et dans le courant de la conversation. Si on a pu le faire à deux reprises dans de bonnes conditions, alors cela induit un conditionnement de réponse positive qui témoigne que le courant passe bien. »

L'amabilité et la renommée

L'adage populaire : « On n'attrape pas les mouches avec du vinaigre » peut sans conteste s'appliquer à cette technique d'influence de l'amabilité et de la renommée. Le sourire emporte souvent l'adhésion, car « c'est la base de la politesse, mais c'est aussi une règle de base du courtisan, car l'homme est ainsi fait qu'il préfère le sucré à l'amertume. Je conseille à notre courtisan qu'avant de paraître dans une compagnie où il sera inconnu, il fasse que les esprits y soient prévenus d'une opinion avantageuse, et qu'on soit persuadé qu'il est en haute estime auprès d'un autre prince, parce que la renommée impose aisément créance aux esprits sur le mérite d'un homme[1] ».

L'amabilité joue sur le principe de réciprocité : « je me comporte avec les autres comme ils se comportent avec moi ». La renommée, quant à elle, joue sur l'effet d'affichage, sur la vision du monde et les croyances de l'interlocuteur.

1. *Livre du Courtisan*, Baldassare Castiglione, 1528.

L'étiquetage valorisant

Valoriser la cible en lui disant : « vous êtes quelqu'un de bien », « de fort », ou « de résistant » l'incite à se surpasser, à mieux se comporter, à accepter des situations difficiles ou ingrates. C'est l'un des quatre grands leviers manipulatoires de la nature humaine, utilisé par les services de renseignement : l'*ego*. Ce fonctionnement en miroir avec les sentiments adverses rejoint l'effet Pygmalion.

Le commerce utilise de longue date cette méthode avec des labels qualité ou des « produits de l'année », mais elle fonctionne également dans les relations humaines au quotidien. Est-ce bien utile de rappeler ici qu'il ne faut pas se laisser piéger par le miroir aux alouettes ?

L'amitié

« Je n'ai pas le choix, c'est un ami » ou « c'est bien parce que c'est toi que je le fais » : par amitié ou par sympathie, lorsqu'une demande émane d'un proche, nous sommes prêts à beaucoup de choses.

Feindre l'amitié est un véritable levier d'influence. Paulo Coelho prétend que « la meilleure manière de connaître et de détruire un ennemi, c'est de feindre de devenir son ami[1] ». Les profiteurs le savent bien

---

1. *La Cinquième Montagne*, Éditions Anne Carrière, Paris, 1998.

et jouent sur ce levier, mais les manipulateurs créent une véritable prison morale autour du devoir et de l'affection. Leur credo : se rendre toujours disponible pour écouter l'autre afin de s'en faire un ami, un intime redevable, en usant d'empathie, de générosité et d'indulgence à son égard. Ne pas hésiter à complimenter, à encourager, à féliciter. Sourire avec bienveillance, quels que soient les sujets. Rendre le maximum de services. Et s'oublier, ne pas chercher à ce que les autres s'intéressent à vous.

En cas de friction, l'écrivain et conférencier américain Dale Carnegie explique que rien ne sert de critiquer l'interlocuteur, car il se sent souvent innocent des reproches qu'on lui adresse[1]. Mieux vaut adopter une posture compréhensive et neutre : « j'aurai certainement fait la même chose à ta place, je te comprends », créant une posture bienveillante utile pour la suite.

Et pour Kevin Hogan, créer du lien renforce l'influence : connaître ses clients, prendre le temps de les interroger sur leur famille, leurs goûts, leurs centres d'intérêt, mais aussi leurs aversions et leurs principes, surtout lorsqu'ils sont rigides. Il faut créer une impression de proximité, avec un minimum de flatterie. Si le client pense qu'on s'intéresse à lui, il sera dans de bonnes dispositions, se sentira plus intime, plus précieux. Et lorsqu'il donne sa confiance, une grande partie du travail est fait.

1. *How to win friends and influence people*, 1936.

L'appel à la charité et à la bonté

Cette technique manipulatoire joue sur notre côté « bon Samaritain », notre tendance à l'entraide, à l'empathie et à la solidarité, des instincts primitifs qui ont permis à nos ancêtres de survivre dans un monde hostile. C'est par l'entraide que l'homme a réalisé ses plus grandes actions et qu'il s'est arraché à sa condition de mammifère vulnérable. C'est un élan instinctif et irrépressible. Mais c'est aussi, pour beaucoup, le révélateur d'une peur séculaire du doigt de Dieu dont ils cherchent alors à s'attirer les bonnes grâces.

Gentillesse et générosité sont aussi très souvent exploitées comme des leviers d'abandon : « J'ai accepté pour lui faire plaisir, je ne pouvais pas lui dire non. »

Les manipulateurs savent parfaitement repérer les êtres généreux et charitables. Ils les attendrissent, les culpabilisent ou les impliquent afin de mieux les influencer et les contrôler. Sur fond d'exemplarité en matière de solidarité, ils se servent d'un événement à forte charge émotionnelle pour faire céder une personne dite sensible : les victimes d'une catastrophe, les sans-abri…

Soyez vigilant avec cette notion de charité : ne dit-on pas : « Charité bien ordonnée commence par soi-même » ?

Le piège des bonnes relations

Lorsque nous avons un bon *feeling* avec une personne, nous tentons de préserver, coûte que coûte, cette relation privilégiée. Nous risquons alors de ne plus savoir (ou pouvoir) dire « non ». On s'emprisonne alors dans un système de préservation des relations, au détriment de l'objectivité.

Comment contrer le piège des bonnes relations

• **Apprenez à dire « non » !** Cela nécessite indiscutablement un effort, notamment parce qu'il faut se détacher émotionnellement. Soyez objectif et posez-vous les bonnes questions : Est-ce que cette relation vous fait du bien ou génère-t-elle des contraintes anormales, des tensions et/ou de la culpabilité ? Pourquoi vous emprisonnez-vous dans une retenue qui vous porte préjudice ? Est-ce de la faiblesse, de la peur, de la lâcheté ?

• **Ne vous sentez jamais obligé** par des notions comme la sympathie ou la camaraderie, qui sont des élans fragiles, fortement réversibles. On hait souvent avec autant de force que l'on a aimé. Les sentiments sont des despotes capricieux.

• L'amitié, la sympathie, permettent un certain niveau de franchise : vous pouvez dire que vous n'êtes pas à l'aise dans certaines situations. **Dites franchement ce que vous pensez, avec tact, respect et bienveillance**, c'est à ce prix que vous préserverez vos relations.

La séduction

La séduction est une arme redoutable, car elle allie l'attraction sexuelle et la recherche d'émotions intenses à l'idéalisation d'autrui et à l'envie compulsive de plaire. C'est donc un puissant cocktail narcissisant, qui fait tourner la tête à beaucoup de victimes.

Il est très difficile de rester insensible à une tentative de séduction correctement menée, car, lorsque l'approche fonctionne, la victime s'offre volontairement à son assaillant, qui la dupe. L'attirance est le résultat d'une séduction réussie, volontaire ou non. On peut être séduisant sans chercher à séduire, par son charisme ou sa réputation. C'est le séduit qui fait tout le travail d'attraction et qui se conditionne à désirer.

La séduction a longtemps été considérée comme une arme féminine, car les femmes (comme Mata Hari, la célèbre espionne) qui se servaient habilement de leurs charmes, de leur élégance ou de leur faiblesse réelle ou feinte, se positionnaient comme des êtres à chérir et à protéger, pour plaire aux mâles désireux d'incarner le protecteur, le chevalier blanc. Pourtant, James Bond est bien l'archétype du séducteur !

Selon le philosophe Søren Kierkegaard[1], la séduction nécessite de la patience, de la détermination, de la persévérance. Il faut observer sa cible afin de la connaître, découvrir ses désirs et ses besoins, guetter ce qu'elle est prête à donner. Feindre l'indifférence permettrait une approche discrète. Ne pas hésiter à surprendre sa cible, à prouver son intelligence par l'humour et les bons mots. Apprendre donc à la faire rire subtilement.

L'ivresse de la séduction est parmi les plus délicieux des poisons, mais elle peut être mortelle.

Les jeunes élites sont des proies faciles pour les manipulateurs. Elles ont passé la plus grande partie de leur adolescence sur les bancs de l'école puis en entreprise, à l'occasion de stages. Lorsqu'elles arrivent dans la vie active, beaucoup y découvrent la tentation, la séduction, les partenaires sexuels, l'argent, les sorties dans des endroits chics, mais aussi les responsabilités professionnelles qui donnent du pouvoir. L'existence revêt alors une dimension de puissance qui euphorise. Elles deviennent souvent des cibles que l'on « chasse » comme autant de trophées. Et lorsqu'elles se sont fait mettre le grappin dessus, c'est souvent des années plus tard qu'elles s'affranchissent de leurs illusions et sortent de leur léthargie.

La séduction n'est pas seulement amoureuse, c'est aussi elle qui se met au service du prince. Pour

1. *Le Journal du séducteur*, 1843.

entrer dans la cour des grands, apprendre à courtiser, le diplomate italien Baldassare Castiglione[1] donne quelques conseils : apprendre à ne pas perdre la face ; rester maître de soi, contrôler ses humeurs, rester lisse ; complimenter avec mesure et sincérité bienveillante ; savoir parfois se montrer obséquieux, flagorneur, quand les circonstances l'exigent (notamment pour rassurer sur son autorité et son pouvoir) ; rester toujours prudent et mesuré, conseiller, afin d'influencer et de faire se rallier le puissant à nos vues ; s'intéresser aux arts ; se montrer vertueux ; ne pas se vanter de ce que l'on ne connaît pas.

La relation maternante : surprotection et infantilisation

Qu'il s'agisse d'une action volontaire, délibérée, ou d'un travers comportemental plus ou moins conscient, la relation maternante, la surprotection d'une personne contribue à affermir son influence sur elle, pouvant parfois provoquer des réflexes d'infantilisation ou de régression mentale de la part du sujet qui la subit. Beaucoup de troubles psychiatriques proviennent de cette relation ambiguë qu'entretiennent certaines personnes avec leurs proches.

Le trop-plein d'attention et d'amour devient une prison émotionnelle, un cocon (d'abord protecteur)

1. *Op. cit.*

généralement destructeur, car il empêche de développer une relation adulte et responsable. La peur abandonnique est l'une des composantes de ce système de relations pathologiques.

Il convient de prendre une certaine distance émotionnelle avec les personnes souffrant de ce type d'approche exclusive. Ne pas se laisser envahir par des concessions qui se transforment très vite en habitudes puis en contraintes.

Que l'on garde de la distance ou que l'on se plie à une telle relation sclérosante, le résultat est toujours une souffrance anxieuse du sujet harcelé par une attention débordante. Sa peur n'a pas de limites et, surtout, ne peut pas s'éteindre, car c'est toute la construction du psychisme qui est basée sur cette surprotection.

L'infantilisation consiste à agir envers une personne comme envers un enfant qui serait incapable de se débrouiller seul, de prendre de bonnes décisions ou de juger de ce qui est bon pour lui. C'est un mode de prise d'ascendant. La personne ou le système qui infantilise adopte une posture de supériorité vis-à-vis de la personne infantilisée (paternalisme), lui suggère ce qu'elle estime bon pour elle, manifeste une volonté de faire les choses à sa place, lui enseigne *sa* morale et lui dit comment elle doit penser ou se comporter.

L'infantilisation peut être suscitée consciemment ou non par la personne infantilisée. Elle provient parfois d'un désir sincère d'aider l'autre parce qu'on pense avoir une bonne solution pour lui alors qu'il fait fausse route, une volonté axée sur la bienveillance, et qui permet à la victime d'appréhender les événements avec indulgence.

Le *love bombing*

C'est une intense démonstration d'amour ou d'affection de la part d'un groupe ou d'un individu, une méthode sectaire pratiquée par exemple par La Famille (ex-Enfants de Dieu) ou par l'Église de l'Unification et son gourou Moon.

La technique est systématiquement la même : les adeptes parcourent les rues et abordent avec gentillesse et douceur les passants. Dès que l'un d'eux manifeste le moindre intérêt, il est « bombardé d'amour et d'attention ». Lorsque la victime vient ensuite découvrir le groupe, les membres de la secte prennent alors le relais pour le couvrir d'une prévenance débordante d'amour, de flatteries, de paroles gratifiantes et de contacts physiques affectueux (pas nécessairement sexuels). L'objectif est de créer une sorte de famille affective, rassurante, protectrice, qui emprisonne le nouvel adepte dans une prison émotionnelle. L'adepte devient alors redevable de cette attention, et, s'il cherche à s'en affranchir, on va le faire culpabiliser.

12

Autres leviers et effets manipulatoires

Le silence

« Le silence est la parure de l'ignorant dans l'assemblée des sages », dit l'adage sanskrit : celui qui sait garder le silence (sans jouer au sphinx) est souvent perçu comme quelqu'un de sage, donc de confiance. On lui attribue la capacité à conserver les secrets, ce qui n'a pourtant rien à voir avec cette posture.

Rester silencieux provoque également la parole d'autrui qui cherche à rompre le malaise qui s'établit avec ce silence. C'est d'autant plus efficace lorsque l'interlocuteur « cible » est sociable, aimable, qu'il cherche à bien faire les choses et à être apprécié : il ne peut se résoudre à passer pour un désintéressé, un taiseux insensible ou un égoïste.

Le silence est souvent perçu comme un signe de malaise qu'il convient de transcender afin de rétablir le lien social qui est l'une de nos caractéristiques humaines. Le risque est alors de trop parler, pour combler les vides, ou dans l'espoir de susciter ou de restaurer de l'intérêt.

Pourtant, le silence peut être une pause dans le tumulte de l'existence, et il est alors un allié précieux puisqu'il permet de « recharger les batteries ». Il peut aussi être « plein », au cours d'une discussion, témoignant ainsi de la réflexion de l'interlocuteur. C'est alors un silence précieux qu'il convient de ne pas perturber.

L'effet miroir

Ce mécanisme mimétique pousse à agir en fonction du comportement des autres, notamment lorsqu'il s'agit d'actions morales ou caritatives : don à l'église ou à l'occasion d'un mariage, don aux Restos du cœur à la sortie du supermarché, etc. On aime faire le bien et on se sent encore plus enclin à le faire lorsque les autres montrent l'exemple.

Cet effet est renforcé lorsque la personne « copiée » est charismatique et/ou influente (empreinte de notoriété ou de qualités morales indiscutables), et il joue aussi sur le principe de l'identification : « je suis comme vous » ou « j'ai les mêmes préoccupations que vous ». Nous recherchons un dénominateur commun, culturel ou social, dans nos loisirs ou dans notre activité professionnelle… pour créer une illusion de proximité.

L'effet miroir peut également être un accélérateur d'agressivité : chaque protagoniste monte en intensité verbale et/ou physique, par le simple fait du comportement de l'autre. On joue, sans le savoir, à se faire peur, puis à s'impressionner en retour. C'est alors l'explosion de la violence, sans que les acteurs sachent réellement ce qui a été l'élément déclencheur.

L'effet de congruence

Ce principe veut que l'on mette de la cohérence entre nos actions, nos paroles et nos actes : si j'accepte un cadeau, pour montrer que je ne suis pas ingrat (donc que je suis quelqu'un de bien, qui a des valeurs, qui est reconnaissant), je vais devoir rendre à mon tour un présent ou un service. Pour montrer que je suis en colère contre quelqu'un, il faut que je lui adresse une moue agacée ou hostile.

L'effet de réciprocité est principalement basé sur ce principe de congruence qui peut efficacement être détourné afin d'inciter quelqu'un à se comporter comme il prétend être : « Tu te dis généreux, tu vas donc participer au cadeau commun de Gérard qui prend sa retraite. »

La rareté et l'exclusivité

« Ce qui est rare est cher », dit l'adage. L'illusion d'obtenir ou d'avoir accès à quelque chose d'unique ou de rare nous fait quitter le registre de la logique et de la raison, pour entrer dans celui de la satisfaction irrationnelle de la passion pour l'exclusivité. Détenir une chose rare nous donne l'illusion d'être nous-mêmes exceptionnels.

C'est ce qui fait l'originalité du marché de l'art, où nul pronostic ne peut se faire sur la valeur des œuvres, car l'acte d'achat est très souvent déraisonnable. Certaines personnes sont prêtes à dépenser des sommes colossales pour détenir un objet unique. C'est tout le moteur des collectionneurs, porté à son paroxysme par l'acquisition d'une pièce rare après un processus d'envie et de frustration.

Méfiez-vous des « occasions exclusives », des « accès VIP » et des cadeaux « que vous seuls posséderez », qui renforcent votre besoin d'individualisation, comblent votre narcissisme et votre *ego* : ce marché de dupes de l'exclusivité et de la rareté est souvent un gros appât pour naïfs.

Le défi

Combien de personnes se mettent en danger en acceptant des actions stupides ou grotesques par simple défi ? On dit souvent que le défi est la grande faiblesse des imbéciles et des écervelés, mais c'est un outil manipulatoire fort subtil, qui allie plusieurs principes et peut frapper n'importe qui, car se soumettre ou non au défi n'est pas une question d'intelligence.

Le défi est un indicateur de cohésion et de courage qui incarne un rite initiatique de passage vers l'âge adulte. Celui qui se lance dans un défi périlleux risque la blessure ou la mort, mais il démontre ainsi sa valeur. La puissance qu'il en retire lui permet de trouver une place dans le groupe, une reconnaissance en tant qu'individu « important », valeureux, donc fiable[1]. L'art du défi trouve son application populaire dans la tauromachie, où le toréador courageux affronte une bête fulminante au péril de sa vie.

Tous les adeptes des sports à risque éprouvent l'impression d'un « redoublement de vie après l'épreuve : le plaisir est infini, car on est un survivant, plus fort que la faucheuse ». Pour certains, le penchant est clairement mégalomaniaque. En défiant les dieux, en jouant les trompe-la-mort, ils se sentent aussi puissants que les dieux. Pour d'autres, c'est une forme de para-suicide déguisé qui laisse au hasard ou à la chance le loisir de décider s'ils doivent continuer à vivre ou non.

Ce mécanisme de tentation du défi cache une forme de dérive ordalique[2] que les hommes du RAID

---

1. D'après Tobie Nathan, écrivain français auteur de plusieurs *best-sellers*, ethnopsychiatre réputé et professeur émérite de psychologie à l'université Paris-VIII.

2. L'ordalie consistait, dans l'Antiquité et au Moyen Âge, à faire passer à une personne accusée d'un forfait, ou d'un crime, une

connaissent bien, car ils sont souvent confrontés à des individus qui tentent de les défier, remettant à Dieu (ou au diable) le soin de décider de leur sort à l'issue de l'assaut. Ils croient ainsi prouver leur bravoure, démontrer leur abnégation, dans un cadre « légitime et valorisant » pour affronter leur rival désigné. Les forces d'intervention incarnent souvent, dans la tête des individus perturbés, les forces du mal.

« T'es pas cap' », disent les enfants dans les cours de récréation, redoublant de créativité dans les défis stupides et dangereux. Les manipulateurs connaissent parfaitement le narcissisme qui se cache derrière cette transgression : ils proposent à leur cible de se soumettre à un défi, car c'est un moyen de se positionner en situation « haute » (donneur d'instruction, arbitre, gardien des règles) et de créer des obligations morales et la prise d'ascendant induite. Celui qui fixe les règles impose sa loi, ce que la victime ne perçoit pas tout de suite.

Les seuls défis auxquels il convient de se soumettre sont ceux qui aident à progresser, indépendamment de toute considération mercantile ou stratégique. Ce sont souvent des challenges sur nos travers et nos faiblesses, des tentatives de victoire sur nous-mêmes, sur notre condition.

épreuve physique décidant de son sort (duel ou combat contre un champion, épreuve du feu ou de l'eau). L'accusé se soumettait ainsi au « jugement de Dieu », qui sauvait l'innocent et empêchait l'injustice… ou provoquait sa mort, prouvant ainsi sa culpabilité.

Le cloisonnement

Le manipulateur excelle dans l'art de cloisonner les systèmes et les gens, partant de ce principe : « Qui détient l'information détient le pouvoir ! » Si l'on comprend ce cloisonnement dans les services de renseignement, pour des raisons de sécurité et afin de se prémunir contre les indiscrétions, cette posture est aussi celle d'un grand nombre de dirigeants qui segmentent leurs services ou séparent les niveaux de connaissances de leurs collaborateurs afin de distiller des informations aux uns et non aux autres et de maîtriser ainsi parfaitement les connaissances de chacun.

Mais le cloisonnement est aussi un poison : si plus personne n'est en mesure de comprendre pourquoi (et pour qui) il travaille, comment être complémentaires et collaborer à l'unisson sur des projets ? Le travail en silo est décrié très largement dans les instances de management, tant sa nocivité est évidente. La réponse est dans la communication, dans les activités transverses, afin de donner du sens au travail ou à la mission.

Faire et faire-savoir

Celui qui « fait » ou qui « sait faire » se rend indispensable à la communauté en tant qu'homme de l'art : il est celui qui maîtrise la technique, l'outil et/ou la matière. Bon nombre de « faiseurs » se rendent ainsi indispensables en devenant les hommes à tout faire d'autres personnes. On ne peut alors plus se passer de leur présence et ils tissent ainsi leur toile.

Quant au « faire-savoir », certains savent parfaitement jouer de cette règle : ils mettent en évidence des actions porteuses, positives et gratifiantes, et gagnent en réputation, en visibilité ou en capacité d'influence.

Ce sont deux des cinq piliers du savoir que met en avant l'amiral Olivier Lajous, ancien DRH de la marine nationale, dans son ouvrage de référence sur le management[1].

Savoir faire l'ignorant ou le naïf

La naïveté a une habileté qui lui est propre et qu'elle doit justement à son insouciance. Ce principe joue sur la vanité du « sachant », qui va pouvoir faire la démonstration de sa réussite ou de son savoir, satisfaisant ainsi son *ego*.

En feignant l'ignorance, le manipulateur pousse son interlocuteur à faire des confidences, à trop en dire : il sait que l'on se sent un devoir moral à aider le sot. Alors il en abuse et en tire profit.

Un proverbe populaire français révèle la subtilité du jeu de provocation des « pseudo-ignorants », qui

---

1. *L'Art de diriger ?*, L'Harmattan, Paris, 2013.

souvent se positionnent « contre » un sujet ou un débat, incitant ainsi leur détracteur à tenter de les convaincre et à livrer des précisions ou des indiscrétions : « L'ignorant aime à nier, le savant aime à croire. »

Feindre la naïveté utilise les mêmes ressorts, comme l'évoque François de La Rochefoucauld dans cette maxime des « Réflexions morales » : « La plus subtile de toutes les finesses est de savoir bien feindre de tomber dans les pièges que l'on nous tend, et on n'est jamais si aisément trompé que quand on songe à tromper les autres[1]. »

Prenons donc bien garde à ceux qui jouent trop la carte de la naïveté et/ou de la curiosité. Ils flattent notre *ego* et nous paient de l'intérêt qu'ils nous portent. N'oublions pas que « tout flatteur vit aux dépens de celui qui l'écoute[2] ».

Laisser sur sa faim

Un manipulateur vous laisse toujours sur votre faim. Il ne donne jamais suffisamment d'informations pour vous rassasier : « Le désir est la mesure de l'estime. Le bon est doublement bon lorsqu'il y a peu. [...] L'unique règle de plaire est de trouver un appétit que l'on a laissé affamé[3]. »

1. *Réflexions ou Sentences et maximes morales*, 1664.
2. La Fontaine, *op. cit.*
3. Baltasar Gracián y Morales, *op. cit.*

La maîtrise de l'information est un bon exemple de levier manipulatoire. Distiller les informations sans tout donner, obliger le mandant en l'amenant à revenir chercher des informations supplémentaires, etc.

Les négociateurs de crise des unités spéciales connaissent parfaitement ce principe qu'ils appliquent lors des prises d'otage. On agit toujours en « donnant donnant » et *a minima* des obligations. Si le malfaiteur demande des cigarettes, le négociateur n'en fournira que quelques-unes, obligeant ainsi son interlocuteur à renouveler des « donnant donnant ».

Laisser sur sa faim c'est aussi alimenter l'effet d'engagement : si vous connaissez une partie de l'histoire, vous allez vouloir en savoir plus… Celui qui maîtrise les rebondissements et l'épilogue devient alors précieux.

La soif de nouveauté

« *New is better* » : tout ce qui est nouveau génère une attraction naturelle. Les marques commerciales le savent bien et leurs services de recherche et développement (R & D) inventent sans cesse de nouveaux produits, de nouvelles techniques. Le mécanisme est universellement attractif, lié à l'originalité de ce qui est présenté. C'est un stimulant de la curiosité et donc des ventes. C'est également ce qui fait le succès des nouvelles approches médicales et des soins psychologiques.

Il n'y a pas grand-chose à faire pour vous prémunir, sauf à vous demander si ce qui vous est présenté comme nouveau, donc formidable, blablabla... répond à la satisfaction d'un besoin réel...

La soif d'aventure

Nous sommes baignés par des propositions d'aventures au quotidien. Tout est bon pour nous proposer de l'originalité qui ferait rompre avec la monotonie de notre existence. Donner l'impression de vivre des moments « *out of the box* », c'est tout le sens des *Work Games* professionnels, des émissions d'aventure (*Koh-Lanta*), des clubs à thématiques stratégiques et historiques (*Kriegsspiel*) ou encore les livrets-jeux fantastiques « dont vous êtes le héros ».

Cette soif d'aventure est un instinct primitif qui a toujours poussé les hommes à quitter leur « cocon » territorial pour partir à la conquête de nouveaux espaces (conquête du Nouveau Monde, conquête spatiale, etc.)

Le prestige et les honneurs

Les honneurs sont la reconnaissance par les pairs de valeurs ou de talents. Dans la symbolique militaire, la reconnaissance de la bravoure du guerrier a toujours trouvé une place de choix : tenue, colifichet, médaille, galon, emblème, etc. Napoléon Bonaparte savait toute l'influence de ces « hochets de la République[1] » qui paient la sueur et le sacrifice des hommes avec de dérisoires distinctions.

Or, énormément de gens sont sensibles à ces attributs, car ils sont des signes de remerciements ou de reconnaissance. Sans eux, sans cet affichage, nulle possibilité de distinguer l'homme prestigieux. Le monde animal dispose d'ailleurs de ses propres artifices de prestige dans les attributs de certains grands mâles (bois des grands cerfs, goitre des pélicans, plumes du paon, etc.).

La course aux honneurs est un formidable vecteur manipulatoire, surtout pour ceux qui souffrent d'un besoin de reconnaissance ou d'une mégalomanie envahissante. Nul besoin que la personne soit vertueuse, légitime, exemplaire, noble de cœur, bienveillante, dévouée, etc. Nul besoin que les honneurs soient justifiés. Ce sont eux qui font le prestige, artificiellement. Ils sont avant tout un moyen de distinction et de gratification.

Le prestige est lié à la représentation que s'en fait autrui. S'il est parfois dû au charisme et au magnétisme d'une personne, ce n'est pas toujours le cas. C'est une donnée irrationnelle, qui s'impose naturellement, sans aucun lien avec la valeur réelle

1. Ces médailles offertes aux soldats des guerres napoléoniennes, dont la fameuse Légion d'honneur qui s'inscrivit ensuite comme une véritable institution.

de la personne. C'est le « prestige de l'uniforme », un général en tenue de parade, un chef cuisinier avec sa toque, un magistrat président de cour d'assises en manteau d'hermine, autant de parures qui stimulent l'enthousiasme de celui qui les porte comme du spectateur.

Soigner leur présentation, les manipulateurs en font une règle : « Les choses ne passent point pour ce qu'elles sont, mais pour ce qu'elles paraissent être[1]. » La première impression, la tenue, la posture, l'effet stéthoscope, les stéréotypes, l'affichage visuel, l'apparence ou l'allure générale, les marques de distinction (la Rolex de Jacques Séguéla) sont autant d'outils qui sculptent l'idée que les autres se font de nous. L'objectif premier tient dans l'influence sur la personnalité d'autrui, l'objectif secondaire est d'aider celui qui s'est paré de ses attributs de prestige à se donner confiance en lui.

Gardez en tête que « l'habit ne fait pas le moine »… mais qu'il y contribue.

La rationalisation

Vouloir trouver impérativement une explication cohérente ou une excuse plausible conduit à transformer la réalité afin de la faire entrer dans l'hypothèse que l'on défend. La rationalisation conduit à

1. Baltasar Gracián y Morales, *op. cit.*

un aveuglement volontaire et à une contamination des logiques.

C'est une tendance naturelle, qui joue sur la congruence entre un choix et les facteurs de décision qui y sont liés. Nul ne peut se satisfaire de faire des choix aberrants, la tentation est donc de vouloir rationaliser à tout prix ses décisions.

Les manipulateurs savent parfaitement utiliser ce principe de sélection des arguments ou de justification méthodique d'une opinion, afin d'influencer leurs interlocuteurs.

L'idéalisation des choix et la persévérance cognitive

Il s'agit de prêter des vertus, des valeurs ou des capacités hors norme à une personne ou à un produit, jusqu'à en perdre son objectivité, son libre arbitre et son esprit critique : ne plus être capable de rien remettre en question.

C'est la notion de « meilleur choix », par des mécanismes de refus ou de déni des aspects négatifs et des travers objectifs : votre coiffeur est forcément le meilleur du quartier, sinon vous en auriez changé, c'est évident ! Lorsque ce choix est librement consenti, cette notion est renforcée avec encore plus de détermination. C'est toute la force de la « congruence décisionnelle ».

La persévérance cognitive empêche toute remise en question et entraîne la poursuite de son action (ou de son idée) sans plus aucun esprit critique. Ce procédé est renforcé par une dynamique de cohérence : on ne veut pas admettre que l'on ait pu se tromper, donc on va au bout de l'action entreprise.

C'est ce phénomène qui pousse les pilotes de ligne à *crasher* leur avion, en phase d'approche de la piste. On appelle ça la « destinationnite » : fixation sur la cible représentée par la piste d'atterrissage, abstraction cognitive et perte des options de réponse, avec obnubilation et justification des décisions absurdes.

La « scientifisation »

Entourer une notion ou un produit d'un vernis scientifique pour lui donner force de loi (scientifique, technique ou méthodologique) fonctionne merveilleusement bien dans la publicité ! Rien de mieux pour vanter les qualités d'un produit dont les bénéfices sont « scientifiquement prouvés », que de voir leurs vertus présentées par des personnes en blouse blanche, lunettes sur le nez. On a beau connaître le subterfuge, l'influence fonctionne tout de même plutôt bien.

La rationalisation scientifique, qui sert à justifier une opinion ou une position en lui prêtant force de loi, prouvée et approuvée, fonctionne de la même façon : « C'est la science qui le dit. » Pourtant, une loi scientifique ne tient que jusqu'à ce qu'une autre la contredise. L'histoire est pleine de ces contradictions et revirements de lois que nous pensions universelles. Copernic, si tu nous entends…

13

Conclusion

Cet ouvrage n'a d'autre vertu que de vous éclairer sur quelques pratiques toxiques ou délétères, mais surtout sur les méthodes et principes pour les contrer, car, comprendre ces phénomènes, c'est retrouver l'espoir d'y résister.

En refermant ce livre, certains se retrouveront dans une multitude de critères et se diront : « Je suis le candidat idéal pour me faire manipuler. » Cela ne doit cependant nullement vous inquiéter. C'est même plutôt rassurant, car cela prouve toute votre sociabilité. C'est vrai qu'un individu retors et paranoïaque aura beaucoup moins d'occasions de se faire manipuler, alors qu'une personne appliquée, généreuse, soucieuse de bien faire et accordant sa confiance assez facilement sera une proie idéale pour un manipulateur. Qu'à cela ne tienne, il ne faut rien changer à ce qui fait de vous un être social agréable et fiable. La raison vous oblige juste à quitter le costume du pur naïf et à enfiler celui du prudent. Mais ne changez pas le fond de votre personnalité !

Personne n'échappe à son éducation, à sa culture, aux personnes qui ont bercé son enfance, dans cette période où se construisent notre personnalité, nos forces et nos faiblesses et, au final, nos croyances. Claude Lévi-Strauss le formulait ainsi : « Il faut beaucoup de naïveté ou de mauvaise foi pour penser que les hommes choisissent leurs croyances indépendamment de leur condition[1]. » Il convient donc d'admettre cette part de risque que nous prenons en étant des êtres sociaux, tour à tour manipulateurs et manipulés, stratèges et victimes.

La manipulation a toujours été une quête historique des hommes pour tenter de gouverner, pour durer lorsqu'ils gouvernent, pour renverser ceux qui gouvernent. C'est une quête sans fin, car c'est celle du pouvoir sur l'autre, sur les autres. Toutes les formes d'articulations politiques et sociales ont été tentées avec ce dessein, comme s'il était possible d'entrevoir une alchimie parfaite, prompte à assurer la maîtrise du monde.

Les croyances étaient là, au départ, et la manipulation s'est invitée pour les sublimer. Mais c'est grâce à elles que les hommes se sont unis pour construire les pyramides et qu'ils ont bâti, au final, des empires. C'est ce même ressort qui a transcendé l'audace des

1. *Tristes tropiques*, « Terre Humaine », Plon, Paris, 1955.

conquistadors, partis sans réel espoir de retour, vers les trésors fantasmagoriques (et hypothétiques) de l'Amérique fortunée. Il a fallu des chefs pour convaincre. Il a fallu des « pilotes », assez courageux ou fous, pour ne point douter. Mais surtout, il a fallu des meneurs au charisme hors norme pour oser ces aventures risquées. L'ardeur, la chaleur humaine, la compétence et la force sont les grands moteurs de l'influence de l'homme sur l'homme. Ces qualités se retrouvent sur les deux faces d'une même pièce, tantôt pour le bien de tous… tantôt pour leur malheur, lorsque les manipulateurs en usent et les détournent de leur noble cause.

Plongeons-nous dans les leçons de nos aînés, car ils avaient décrypté le pouvoir subtil de la manipulation, eux qui n'avaient ni Internet, ni psychologie sociale, ni neurosciences. Ils n'avaient rien de tout cela et pourtant ils savaient tout de ce formidable pouvoir…

« Feindre d'ignorer ce qu'on sait, de savoir tout ce qu'on ignore ; d'entendre ce qu'on ne comprend pas, de ne point ouïr ce qu'on entend ; surtout de pouvoir au-delà de ses forces ; avoir souvent pour grand secret de cacher qu'il n'y en a point ; s'enfermer pour tailler des plumes, et paraître profond, quand on n'est, comme on dit, que vide et creux ; jouer bien ou mal un personnage ; répandre des espions et pensionner des traîtres ; amollir des cachets, intercepter des lettres, et tâcher d'ennoblir la pauvreté des moyens par l'importance des objets : voilà toute la politique, ou je meure ! » (Beaumarchais, *Le Mariage de Figaro*, acte III, scène 5, 1778.)

Table des matières